艺术殿堂
最具影响力的100位画家
文艺复兴－后现代

陈兴怡　夏侯伊　主编

北京工艺美术出版社

前言

艺术史早期的发展经历了早期探索科学绘画技法的文艺复兴时期、教会面对宗教改革冲击做出回应而发展出的巴洛克时期，以及 18 世纪流行于凡尔赛太阳宫的浮华洛可可时期。及至 19 世纪，艺术流派脱离了早期单一线性发展的模式，画坛一时间众星璀璨。以达维特为代表的新古典主义和以德拉克洛瓦为代表的浪漫主义分庭抗礼，同时，巴比松画派和现实主义风格也逐渐登上了艺术史的舞台。19 世纪中后期，随着工业革命的发展，印象派在法国诞生了，紧随其后的是新印象派。当印象派即将面临过度泛滥的危机之时，后印象派迅速发展起来。凡·高、高更、塞尚三位后印象派大师对现代艺术产生了极为深远的影响。同时值得注意的是，在欧洲大陆的边缘，俄国的巡回画派也正得到如火如荼的发展，并对俄国艺术精神产生了深远的影响。19 世纪末 20 世纪初，一批欧洲和美国的艺术家奋起抵抗第二次工业革命后流水线工艺品的单一刻板，发起了新艺术运动，试图以此回溯自然与古典的审美。20 世纪初，毕加索的《亚威农少女》打响了现代主义时期的第一枪，此后，多种现代主义的流派和风格在全世界范围内不断兴衰。20 世纪中期，杜尚的《泉》又以近乎鲁莽的姿态打破了现代主义艺术的游戏规则，自此，艺术史步入了后现代的世界。

本书选取了从文艺复兴至后现代时期最具有代表性的艺术家，以时间为叙述主线、流派为发展形态，展现了西方艺术的发展历程。从文艺复兴、巴洛克与洛可可、新古典主义与浪漫主义、现实主义、印象主义与后印象主义，一直到后来的现代主义与后现代主义潮流，由此勾勒出 13 世纪到 20 世纪西方艺术的历史画卷，让我们在心中建立起一个明晰的艺术史框架和线索，去探寻那些伟大的时代、艺术家以及他们作品的无穷魅力。

CONTENTS
目录

第二章：巴洛克艺术

第三章：洛可可艺术

第四章：新古典主义

第五章：浪漫主义

第六章：现实主义

第七章：象征主义

第八章：印象主义

第九章：后印象主义

第十章：现代主义

第十一章：后现代艺术

第一章

文艺复兴时代

第一节 乔托

初显人文精神的文艺复兴先驱

一谈到艺术中的人文精神，大家都会想起文艺复兴三杰，而最初具有人文精神的却是乔托·迪·邦多纳。这个被誉为“欧洲绘画之父”和“西方绘画之父”的人上承呆板古怪的中世纪，又下启自由解放的文艺复兴。他的艺术创作题材虽是宗教故事，但却注入了人的情感，令以往神圣遥远的宗教人物变得有血有肉，质朴真实。同时，乔托还尤其擅长理财，用投资的方法成为地方首富。可谓是有财气更有才气。

乔托出身于平民家庭，但幼时其艺术天分就已显露。有一天乔托在放羊间隙拿着树枝在地上画画，佛罗伦萨的著名画家齐马布埃正好路过，看见乔托如此痴迷于艺术，就收其为徒弟。可当时的齐马布埃并没有料到，这位偶然邂逅的小徒弟将来会和他画同一个题材并且比自己更胜一筹。那件作品就是《宝座上的圣母》。

应教堂的委托乔托画了这幅祭坛画，尽管看起来画中还留有不少中世纪的痕迹：构图完全对称，人物神情呆板。但乔托开始尝试在衣服上增添阴影，以服饰的重叠表现圣母人体的体积感。以强调圣母脸上的光影来突出其五官，在乔托的许多画作中都能发现这个特点。同时，乔托还注意到了空间关系：圣徒和天使们围拢在一起，形成了一个有深度的空间；哥特式宝座所呈现的纵深关系，使画面更有立体感。他的另一件木版画《史特方尼斯基祭坛壁画》也具有同样的特点。乔托在空间上做的尝试已突破了以往中世纪死板程式化的画法，场景变得真实生动，使人觉得亲近，从而向文艺复兴绘画靠近了一步。

乔托的父亲是一位专做放款的商人，但以剥削别人钱财为目的的高利贷与天主教会的精神格格不入，因此他父亲声名狼

《宝座上的圣母》
325cm × 204cm
约 1306—1310 年
木板蛋彩
乌非齐美术馆

《史特芳尼斯基祭坛壁画》

《犹大之吻》
200cm × 185cm
湿壁画
意大利帕多瓦维克罗威尼礼拜堂

藉。后来乔托以装点帕多瓦城为由，造了斯克罗威尼礼拜堂，并在入口处绘制了大幅壁画《最后的审判》。其画面主要内容是上帝占据着末日景象的中央，仲裁着人们死后的去处，得救者上天堂，罪恶者下地狱。但值得注意的是，乔托删除了“贪婪”这项富人的罪恶，而改画成“忌妒”，因此这幅壁画也是乔托借此寻找为他父亲赎罪的方式。后来乔托将收入用于购买房产和农地，并出租织布机，既获得了丰厚的利息，也没有违反教会禁止高利贷的规定。于是乔托就从一介平民翻身成为共和城邦帕多瓦最有钱的人。和他父亲想比是“青出于蓝而胜于蓝”。

乔托毕生的主要成就是绘制壁画，其中最动人的当推《犹大之吻》。这是《圣经》中一个有名的故事，也是众多文艺复兴画家喜爱的题材之一：逾越节当晚，耶稣指出他12门徒中有人出卖他。惊恐的犹大立即溜出去送情报。不久领来了一队带着火把和武器的兵丁，按照约好的暗号，犹大上前与耶稣亲吻。而乔托却给这个传统题材赋予新的含义，耶稣已不再是遥远神圣的神灵，而是一个面对叛徒告密的凡人，一个从容赴难的伟人。当犹大伸出双手，撅起嘴准备向耶稣亲吻时，耶稣镇定自若，以大无畏的英雄主义对应突如其来的灾祸。在乔托看来，圣人并不是因为无敌而伟大，而是因为能够正视黑暗与邪恶，并且毫不畏惧。

乔托的作品单纯而严肃，于庄严的宗教画中体现质朴、真实的人性之美。就像他自己所说，圣母是一位慈母，耶稣是一个娇儿，正和世间一切的慈母爱子一样。曾有美术史家评价乔托：“绘画之有热情的流露，生命的直白，与神明的皈依者，自乔托始。”绘画不是死的，笔下的人物应当有血有肉，这也是文艺复兴绘画共有的精神，所以乔托是当之无愧的文艺复兴先驱。

第二节 罗吉尔·凡·德·威登

凿刻人物心理的肖像画匠

罗吉尔·凡·德·威登，尼德兰著名画家，与当时红极一时的扬·凡·艾克可匹敌。擅长画宗教画、人物肖像画，画风细腻庄严，擅长揭示人物的内在心理特点。是当时尼德兰肖像画艺术家的代表人物。

1436年威登得到了“布鲁塞尔画家”的荣誉称号，这代表着他的声望和重要地位。威登为勃艮第公爵服务，为他的亲戚和朝臣以及交往的贵族们绘制肖像，这让威登累积了大量的财富。1449年威登去往意大利游历，并在这过程中结识了不少画家和赞助人，但意大利风格并没有为他的创作带来影响。威登的名气早在15世纪中叶就超过了扬·凡·艾克，并取代他成为潮流的典范。17世纪之后，他被人渐渐遗忘，直到20世纪初世人才为他重新正名，并将他与罗伯特·康宾及扬·凡·艾克一起列为早期尼德兰画派最杰出的三位艺术家，威登现存的画作以宗教三联画、祭坛画和肖像画为主。

威登笔下的人物形象细腻生动，他不仅重视主体人物的刻画，还注重人物的环境描述。在人物肖像画的创作上，威登也比同时代的艺术家描绘得更加深刻细致，这从他的代表作《圣路加为圣母画像》与《下十字架》中就能看出。

《下十字架》创作于1435年，在威登创作的这个版本中，他摒弃了当时创作上的很多桎梏，少了许多程式化的公式步骤，但也有一定神学思想束缚的迹象。讲的是耶稣被钉死后，朋友和信徒前来追悼，将其从架上放下。画面中间的基督被重点塑造和突出，身体呈现对角线的姿态，将画面分割为两部分，悲伤的人们互相搀扶，形成一派连续的线索，以哀悼为基调的线索。展现了一幕悲伤的哀悼情节。

威登对于肖像的理解是深刻的，因为在他的画中，其笔下人物的心理特征透过其行为和表情被展现无遗。

《圣路加为圣母画像》
137.6cm × 10.8cm
1435—1440 年
波士顿美术馆

第 10、11 页图
《卸下圣体》
220cm × 262cm
马德里普拉多美术馆

第三节 扬·凡·艾克

将神圣现实化的油画之父

扬·凡·艾克，早期尼德兰画派最伟大的画家之一，也是尼德兰文艺复兴的奠基者，油画颜料的发明者，被誉为“油画之父”。作为油画开创者的他极其擅长油画技巧，他将不同物体的质感描绘得真实细致，使其在微妙的光影下显得生动自然，仿佛在眼前一般。扬·凡·艾克也注重对现实生活的描绘，擅长发现细节，以精细绘画闻名于整个尼德兰。

扬·凡·艾克出生于荷兰的马赛克城，与同时期的画家胡伯特·凡·艾克合称凡·艾克兄弟，俩人也合作了不少作品，比如创作于尼德兰文艺复兴初期的《根特祭坛画》，于整个艺术史来讲，具有不可磨灭的里程碑意义。《根特祭坛画》是应当时的根特市长之邀，为教堂绘制的屏风画，据说历时18年，可谓是凡·艾克兄弟呕心沥血之作。整个祭坛画的核心是下方部分的《羔羊的颂赞》，也是最有戏剧性的场面。其题材取自于《启示录》，里面说的是：“没有人能数得过来，他们从各国各地而来，站在宝座与羔羊面前，手拿树枝，身着白衣，大声说道：‘愿救恩归于宝座上的神，也归于羔羊’。”所谓羔羊，这里指的是基督徒与众多的受压迫者。据《圣经》记载，只有他们才能获得上帝最大的恩典。凡·艾克兄弟虽采取了宗教题材，但作品中却透露出对现实生活的肯定与赞美。在一定意义上讲，《根特祭坛画》算是艺术史上第一幅油画作品。

扬·凡·艾克最擅长的是发现别人注意不到的细节，这在《阿尔诺芬尼夫妇像》中尤为明显。画中描绘的是一对富人阶层的新婚夫妇，不管是人物表情还是不同质感的物体，都刻画得十分细腻逼真。画中的新郎绅士地举起右手，象征着矢志不渝的爱情；新娘则将右手放在新郎的左手上，暗示忠实与不离不弃；

第13页图
《阿尔诺芬尼夫妇像》
82.2cm x 60cm
1434年
英国国家美术馆

下方的小狗象征着忠诚的婚姻；还有两人身穿的价值不菲的服饰，暗示两人身份的高贵。但最神秘的地方，是画中后景里的

《根特祭坛画》
350cm × 461cm
1430—1432 年
木板油画
圣巴夫主教座堂

凸面镜，如果观者观察细致，会发现里面藏有扬·凡·艾克的身影，这在之前是从未有过的尝试。

《恩典之泉》
181cm×119cm
1440—1445 年
木板油画
西班牙普拉多美术馆

细致精密的作品也反映了扬·凡·艾克细腻敏感的性格，只有对生活足够热爱、足够耐心的人，才能创作出这么细腻精致的作品。

第四节 弗拉·安基利科

罕见的完美天才

弗拉·安基利科，意大利文艺复兴早期艺术家。瓦萨里在《艺苑名人录》中将他称为“罕见的、完美的天才”。安基利科的作品忠于时代与宗教，刻板的人物形象并没有完全地消失在其中，为了讨好雇主和宗教领袖们，也常常做出各种牺牲，但是我们还是可以在他的作品中看到技法的全面进步，光影的描绘开始变得更加的科学与现实，人物比例等也开始忠于现实，生活日常的场景也开始走入宗教画中。

安基利科于1395年出生在意大利托斯卡纳地区的一个小镇。根据瓦萨里的记叙，安基利科最初接受的是有关细密画的工作训练，为手抄本书籍绘制彩色泥金装饰画，与他一起工作的还有他同为多米尼加修道会修士的兄弟贝内德托，佛罗伦萨的圣马可修道院如今已经变成了一座博物馆，那里有一些插图手稿被认为出自安基利科之手。尽管安基利科平时除了绘制细密画，还有很多其他工作要做，但这显然没有阻碍他在艺术上的进步，很快地他就在佛罗伦萨画坛闯出了名堂，开始有订单找上门，据传他最早的绘画作品是为佛罗伦萨卡尔特修道院创作的祭坛画，但因为年代久远，已经无从考据了。

1408年到1418年，年轻的安基利科为科尔托纳的多米尼加修道院创作了很多湿壁画（已遭损毁），在这段时间他也开始借助助手、学徒等帮他完成委托创作。1418年之后他去往菲耶索莱的圣多米尼加修道院为其进行长达十八年的湿壁画和祭坛画的装饰创作，其中祭坛画得以在历史的长河中保存下来。如今可以在伦敦的国家美术馆看到这件祭坛画，这件作品充分的证明了当时安基利科的绘画水准，也让我们可以很好地理解，为何那么年轻

《圣多米尼加的祝福1》(《菲耶索莱圣多米尼克祭坛画》细节)
31.8cm×21.9cm
1423—1424 年
木板蛋彩画
英国伦敦国家美术馆

《圣多米尼加的祝福2》(《菲耶索莱圣多米尼克祭坛画》细节)
31.8cm×21.9cm
1423—1424年
英国伦敦国家美术馆

《圣罗莫斯》（《菲耶索莱圣多米尼克祭坛画》细节）
16cm × 15.6cm
1423—1424 年
木板蛋彩画
英国伦敦国家美术馆

他就可以在艺术市场占有一席之地。

作为一位僧侣画家，安基利科除了展现高超的艺术技法，还凸显了艺术家的个体修养的重要性，他谦卑的为人与处世方式，也使他的作品看起来更加的神圣。而偶尔流露出来的俏皮与试验性又让我们看到了作品中个性的存在，这是文艺复兴开始的重要标志。安基利科终生恪守戒律，努力教导影响后辈，担得起“天使画家”这一美誉。

第五节 马萨乔

人物雕塑化的革新者

马萨乔 5 岁时父亲去世，母亲改嫁，与弟弟两人相依为命。不过后来即使家境贫寒，他与弟弟乔瓦尼也都成了画家，并且加入了画师行会。马萨乔的画面朴实无华，注重写实，以表现真实世界为首要，笔下的人物体态都有一种明显的雕塑感，立体感极强。

马萨乔最广为人知的作品就是《逐出伊甸园》，讲的是上帝用泥土创造了亚当，后来用亚当身上的一根肋骨造了夏娃，他们共同居住在伊甸园内，但必须遵守上帝的规定：不准吃善恶树上的果子。但后来由于蛇的精心引诱，亚当与夏娃打破了禁忌。后来被上帝知道，逐出了伊甸园，放逐到大地，成为人类的始祖。由于受古希腊雕塑的影响，亚当夏娃的姿态十分生动，夏娃双手捂住身体，极具古典美。马萨乔将亚当与夏娃的神情描绘得极为生动，既有被逐的羞愧又有离开伊甸园的不舍，就像现实生活中的人，也表现了一种人性美。同时，画家采用了自己极为擅长的手法，即将人物刻画得具有雕塑感，这是马萨乔优于乔托之处，让人物更具立体感。

在马萨乔的《纳税钱》中还体现了他的另一成就，即透视法的熟练运用。

马萨乔虽出身清贫，艺术师承不明，但他却没有因为现实条件的束缚而放弃绘画，并且还在绘画技法上进行了革新，开创了雕塑化人物的技法，将现实主义与人文精神相融合，凸显人性美。

《纳税钱》
255cm × 598cm
1425 年
湿壁画
意大利佛罗伦萨布兰卡其礼拜
堂

《逐出伊甸园》
208cm × 88cm
佛罗伦萨卡敏圣母堂布兰卡奇礼拜堂

《纳税钱》局部

第六节 皮耶罗·德拉·弗朗切斯卡

融理性于感性的天才画家

皮耶罗·德拉·弗朗切斯卡，意大利早期文艺复兴代表艺术家，除此之外，根据瓦萨里在《艺苑名人传》中的记录，弗朗切斯卡还是一名数学家或者说是一名几何学家。

弗朗切斯卡出生在桑塞波尔克罗的一个小镇上。他的爸爸弗朗切斯卡是个商人，母亲则来自一个贵族家庭，他还有四个弟弟（其中两个夭折）和一个妹妹。自小家境富裕，父亲也有意将他培养成接班人，所以他年少时醉心于数学，直到 15 岁时才下定决心想要成为一名画家。

1451 年，弗朗切斯卡受里米尼领主西吉斯蒙多·潘多尔夫·马拉泰斯塔的邀请，去往里米尼为其提供服务。马拉泰斯塔请阿尔伯蒂为其改建圣方济各教堂，将其变为自己的私人教堂及陵墓，弗朗切斯卡为这个马拉泰斯塔教堂绘制了一幅描绘西吉斯蒙多跪在圣徒面前的壁画，以表示这位赞助人对圣徒的尊崇。弗朗切斯卡也因此与阿尔伯蒂相识，阿尔伯蒂除了是一名杰出的建筑师，还是文艺复兴时期有名的数学家，对数学共同的热爱，让他们很快地成为好友。

1469 年到 1486 年间，弗朗切斯卡还多次接受乌尔比诺领主费德里科·达·蒙特菲尔特罗公爵的委托，他先是将一件木板蛋彩画《鞭笞基督》交给了对方，这件作品是弗朗切斯卡很早就起稿的作品（1455 年），但直到 1470 年才完成。这是一件充满神秘色彩的小画，几百年来艺术史学家、历史学家等都对画面所表达的各种含义争论不已，他们显然都认为这件作品肯定不是表面看起来一个宗教故事这么简单。争论的焦点在于画面前方三个人的身份问题，他们有可能是过去的历史人物也有可能是弗朗切斯卡对同时代人物的一种隐喻。除此之外，弗朗切斯卡采用了顶光

《西吉斯蒙多·潘多尔夫·马拉泰斯塔肖像》
44cm × 34cm
1451 年
木板蛋彩、油彩画
法国巴黎罗浮宫

《蒙特菲尔特罗夫妇肖像》
33 × 45cm
木板蛋彩画
意大利乌菲齐美术馆

《鞭笞基督》
58.4cm×81.5cm
1455—1460 年
木板蛋彩、油彩画
意大利乌尔比诺公爵宫

的手法，完全靠透视线和比例关系来表达空间远近等，画面也因此有一种凝固般的空气弥漫，宁静肃穆，非常出色。著名的艺术史学家肯尼斯·克拉克也因此称这件作品为“世界上最伟大的小画”。

弗朗切斯卡还为蒙特菲尔特罗夫妇绘制了一件双人肖像作品，由于公爵本人曾在一次比赛中意外失去了右眼，因此弗朗切斯卡采用了双侧面的方式，只绘制了公爵的左半边脸，而公爵夫人则以右侧脸对着画面，衣着华丽，额头比常人要高出一些，这并非是公爵夫人的脸部畸形，而是当时流行做这样的额头处理，这幅画的背面也绘有一幅画。在这幅画上，公爵穿着盔甲被人们簇拥着，象征着胜利归来，而公爵夫人则坐在一辆被两只独角兽拉着的二轮马车上，与正面严肃、端庄的画面形成了动与静的对比。

弗朗切斯卡是个有趣的画家，他画技了得，深受欢迎，但他又有一些其他的兴趣爱好，比如钻研数学。他又是个喜欢接很多活又不立马去执行的人，因此他的雇主们有时只得耐着性子等待。

第七节 乔瓦尼·贝利尼

“去宗教化”的威尼斯画派创始人

乔瓦尼·贝利尼，出生在一个艺术世家，父亲是15世纪活跃在威尼斯地区的艺术家，他的哥哥真蒂莱·贝利尼、姐夫安德烈亚·曼特尼亚在当时都是享有盛誉的艺术家。在这样的家庭成长起来的乔瓦尼不但没有成为其他几位的影子，反而开创了自己的独特风格，成为威尼斯画派的创始人。

乔瓦尼·贝利尼在父亲和哥哥的熏陶下长大，绘画创作对乔瓦尼来讲是一件自然而然的事情，不用经历文艺复兴其他艺术家那样进作坊当学徒的过程。但在这种亲密关系的影响下，直到他将近30岁的时候他才慢慢地摸索出自己的绘画风格。早年间的乔瓦尼擅用较为老旧的坦培拉方式作画，蛋彩会让画面看起来轻薄、浪漫，有一种朦胧不清晰的美感，比如《沙漠里的圣杰罗姆》就是他这类作品的代表，画面中的场景营造趋向日常，宗教感很弱，“去宗教化”是乔瓦尼终身都在追寻的一种效果。

1514年，乔瓦尼接受了来自费拉拉公爵阿方索一世·艾斯特的委托，为其创作一件《诸神的盛宴》。这是乔瓦尼过去几十年里一直抗拒的神话题材（并不想与自己姐夫曼特尼亚进行竞争的缘故），因为对神话题材少有涉猎，因此乔瓦尼也并没有按照市场通用的样式来处理神话人物，他们在他的笔下并不健硕或者丰满，而是更倾向于威尼斯的普通大众，他们饮酒的场景看起来也更像是市民街头随意畅饮的样子，头上的各种装饰物等也更像是日常用品而非神话里才有的物件。可惜乔瓦尼在1516年去世，并没有将这件作品亲自完成，十几年后，提香才将这件作品的风景补完，让这件作品得以全貌示人。乔瓦尼死后被埋葬在威尼斯的圣若望及保禄大殿，这里是15世纪后历任威尼斯总督与部分威尼斯名人们长眠的地方，乔瓦尼被埋葬在这里足见他对威尼斯的重要性。

《草地上的圣母》
66.5cm × 85.1cm
1500—1505 年
木板油画
英国国家美术馆

《在风景中读书的圣杰罗姆》
46.8cm × 33.8cm
1480—1485 年
木板油画
英国国家美术馆

《诸神的盛宴》
170.2cm × 188cm
1514—1529 年
布面油画
美国华盛顿国立美术馆

无论从哪个方面来讲，乔瓦尼的职业生涯都是相当成功的，他漫长的职业生涯起源于中世纪风格，但他并没有被桎梏于此，而是在自己的探索和个人喜好中建立起了属于自己及一个时代的新风格——威尼斯画派，他的独特与开创性影响着整个时代的威尼斯画家们，他开启了世人对风景画的全新认知。

他谦和有礼，为人与画艺一样出众，成为威尼斯社会的代表，他不吝于教授他人知识，培养了日后的几位大师。在文艺复兴的历史上，乔瓦尼身上的故事与其他人相比可能没有那么跌宕起伏，但是他兢兢业业经营出的地位和画技同样让人佩服，他富足的生活、美好的名望也不失为让其他人艳羡的优点，也许正是这样平静的生活才能让他的笔下有了那样自由、美好的故事与风景。

第八节 安德烈亚·曼特尼亚

回归古朴的转变者

安德烈亚·曼特尼亚，北方文艺复兴早期意大利著名画家之一。曼特尼亚 11 岁时就在当时负有盛名的艺术家斯夸尔乔内工作室当学徒，迷恋古罗马雕塑的斯夸尔乔内绘画风格庄严肃穆，所以在曼特尼亚的作品中也能窥探到一丝古罗马艺术的肃穆感。作为斯夸尔乔内最具才华的学生，曼特尼亚得到了老师极大的赏识，向老师习得了透视画法，使得在曼特尼亚后期的成熟作品中，独特的透视画法成为其作品最大风格。

曼特尼亚出生于当时威尼斯共和国的一个小镇，父亲是一位朴实敦厚的木匠。作为家中二儿子的曼特尼亚与许多工匠的后代一样，在幼年时期就被送去作坊习得技艺。曼特尼亚在 17 岁时离开老师斯夸尔乔内的工作室开始独自一人接受绘画订单。

1488 年，曼特尼亚被教皇英诺森八世召唤至梵蒂冈，受命在教堂大厅绘制一系列湿壁画。但后来由于教会的矛盾，被教皇庇护六世毁坏，自此曼特尼亚在完成教皇的最后一项委托时就毅然回到了曼图亚、寻找到新的赞助人和创作题材。

《战车上的恺撒》（《恺撒的胜利》之一）是曼特尼亚在梵蒂冈时就已经着手创作的作品，直到 1492 年，回到曼图亚之后才得以完成。这组作品堪称曼特尼亚的代表作之一，采用了曼特尼亚独特的从下至上式透视画法，整组作品气势宏大，场面广阔。后来被曼图亚宫廷珍藏。

1497 年时，曼特尼亚受到委托，将诗人切雷萨拉所讲的希腊文学和寓言用图像表达出来。这时的曼特尼亚才开始尝试脱离宗教题材的束缚，创作更加具有文艺复兴特色的艺术作品，即《帕纳索斯山》。

《战车上的恺撒》(《恺撒的胜利》之一)
270.4cm × 280.7cm
1484—1492 年
布面蛋彩画
英国皇家收藏

作为意大利北方文艺复兴的先驱者，曼特尼亚的创作风格已脱离了15世纪的古板绘画风格，展现出古罗马时的庄严古朴风格。题材方向也从宗教题材转向历史画等。尽管曼特尼亚的作品，颜色有时过于沉闷，没有后来文艺复兴艺术家作品中的生动活泼，但在曼特尼亚的作品中，我们才更能直观感受到文艺复兴过渡时的艺术风格转变。

《帕纳索斯山》
159cm × 192cm
1496—1497 年
布面蛋彩画
巴黎罗浮宫

第九节 波提切利

典雅秀美的“小桶”画家

以圣母子像著名的波提切利生于中产阶级家庭，是文艺复兴早期佛罗伦萨画派的最后一位画家，由于受到尼德兰画派的影响，他也是一位著名的肖像画家。波提切利原名亚历山德罗·菲利佩皮，波提切利是他的艺名，意为“小桶”。

波提切利崇尚人文主义，作品充满了世俗精神。绘画风格典雅，秀美，细腻精致，因此得到了当时最为盛名的赞助者——梅迪奇家族青睐，不仅受到梅迪奇家族的无限赞助，并且借着其家族影响力，波提切利得以接触到其他佛罗伦萨上层阶级名人，在贵族圈子中声名鹊起。

波提切利的代表作之一《春》就是为洛伦佐·梅迪奇侄子的新婚而作。而《春》的灵感则来自于诗人波利齐安诺的诗：维纳斯位于画面中心，举手投足之间虽透露着淡淡的哀愁，却有一种别样的忧怜之美。画面最左边是正在树上采摘果实的墨丘利，身旁则是正沐浴在阳光下的翩翩起舞的美惠三女神，分别象征着欢乐、美丽与青春。画面右侧则是花神、春神与风神，象征着春回大地，万物复苏的季节即将来临。这一切都是波提切利对美好生活向往的写照，画家将诗意的赞美与祝福倾注于作品中，用充满青春欢乐又有淡淡忧愁的天神形象来表达对梅迪奇家族的祝福与期盼。

在 1487 年，波提切利又为梅迪奇家族的一个远方兄弟创作了一幅画——《维纳斯的诞生》。画面描绘的是一个西西里岛的美丽传说：身材颀长，容貌秀美的维纳斯从贝壳里诞生，风神将维纳斯轻轻吹往岸边，正在岸边等待的春之神张开精致的红色花斗篷，准备为维纳斯披上新装。维纳斯微微倾斜的姿势虽来源于古罗马雕塑的范式，但却被波提切利刻画成了一种独

第 41 页图
《女子肖像》

《春》
203cm × 314cm
1482 年
木板蛋彩画
佛罗伦萨乌菲齐美术馆

《维纳斯的诞生》
278.5cm × 172.5cm
1487 年
画布蛋彩画
意大利佛罗伦萨乌菲齐美术馆

《维纳斯和战神》
173.5cm × 69cm
1480 年
蛋彩、木板
英国国家美术馆

特的姿态美，维纳斯眼里充满哀伤与迷茫，将不生不灭的永恒美表现得淋漓尽致。

在波提切利的其他作品中，如《维纳斯与战神》《圣母子与吟唱天使》《女子肖像》，女性形象都有一个共同点，那就是忧怜的眼神、秀美的容貌与典雅的姿态。也正如画家本人的气质，细腻、忧郁和富有贵族气息。

第十节 彼得罗·佩鲁吉诺

平和而自我的怀疑者

彼得罗·佩鲁吉诺，佩鲁贾地区最早的一位文艺复兴大师，佩鲁吉诺在几十年的绘画生涯中，取得了相当大的成绩。他早中期的作品充满探索感，与时代一起对绘画的使命和内容作了重新的探讨和钻研。但是佩鲁吉诺身上的缺点也同样明显，他并不太在乎自己的才华，努力工作在他看来难以想象，他也不乐意做一个领头羊，最终还是选择了自己喜欢的生活方式。

彼得罗·佩鲁吉诺，出生在翁布里亚的奇塔德拉皮耶韦。他的父亲名叫克里斯托弗·万努奇，是镇上最富有的商人之一。有关他的出生年月一直未能确定，但综合瓦萨里和乔瓦尼·桑迪的记录，他应该是在1446—1452年间出生。

佩鲁吉诺谦逊温和，面对很多事情都采取相对平和的处理方式。同行曾经诽谤他未果，佩鲁吉诺对此并不采取任何行动。脾气暴躁的米开朗琪罗直言他是一个“脓包”。兴许是因为后辈的这句“仗义执言”，佩鲁吉诺将愤怒融入创作，创作了他最杰出的代表作——为帕维亚加尔都西会修道院而作的《圣母与圣徒》。

如今这件大气磅礴的作品已经被肢解拆分，有些散落在世界的几个博物馆中，有些已经遗失，修道院只存有绘有“圣父与智天使”的这一部分。但此后的佩鲁吉诺逐渐懈怠，不再那么积极主动地寻求进步了。

1504年，佩鲁吉诺接受了佛罗伦萨圣母领报大殿的《安农齐亚塔四联画》的订单。这件作品之前一直由菲利皮诺·利皮着手绘制，可惜作品尚未完成菲利皮诺就撒手人寰，佩鲁吉诺在他的创作之余继续了这项工作。但他并没有采用一开始的设定，而是完全将其更改。三年后这件作品完成了，惹怒了众人，因为这与他过去的作品有太多的相似之处，显然他并没有用心去做这件事

第49页图
《天使长米迦勒》帕维亚加尔都西会修道院祭坛画之一（局部）
114.7cm×56.6cm
1496—1500年
木板油彩、蛋彩画
英国国家美术馆

《帕维亚加尔都西会修道院祭坛画部分（三块板）》
114.7cm × 56.6cm，1496—1500 年
木板油彩、蛋彩画
英国国家美术馆

《帕维亚加尔都西会修道院祭坛画部分（三块板）》局部

情。后来佩鲁吉诺在佛罗伦萨开始失势，学徒们纷纷离开他的作坊，1506年他甚至一度被佛罗伦萨当局驱逐。最后只好回到佩鲁贾定居，偶尔前往罗马。

据瓦萨里的记载，佩鲁吉诺并不相信神明，而且还经常公开怀疑灵魂不朽的说法。可能这也是他无法全情投入在自己绘制的那些委托作品中的原因之一。经历几百年，有关佩鲁吉诺的资料太少，我们无法更多了解这位也许有点怪异的艺术家心里在想些什么，他的自画像中坚定的眼神、紧紧抿住的嘴唇都显示他是一个非常坚定自我的人。我们可以想象，在他的世界里，可能并不存在成功与失败的真正定义，他所经历的一切，都是他所愿意去做的。

《安农齐亚塔四联画之圣约翰》
160cm × 67cm
1504 年
木板油画
美国大都会博物馆

《一个女孩》
44.1cm × 29.2cm
1490 年
木板蛋彩画
英国伦敦国家美术馆

第十一节 多米尼哥·基兰达约

敏锐精准的捕捉大师

多米尼哥·基兰达约，文艺复兴的代表艺术家之一。基兰达约最开始是给自己的金匠父亲托马索·比高尔迪做学徒，托马索在佛罗伦萨是以制作女士头发装饰用金属花环而出名，“基兰达约”这个外号也是来源于此。在意大利语里，“基兰达约”正是花环工匠的意思。

《弗朗切斯卡·萨塞蒂与他的儿子》
84.5cm×63.8cm
1488 年
木板蛋彩画
美国大都会博物馆

基兰达约自小热爱画画，在工作室时只要有空闲时间，他就会为来往的行人画像，画得又快又好。托马索见状索性把儿子送到巴尔多维内蒂的工作室去学习绘画。据艺术史学家冈特·帕萨温特的说法，基兰达约还曾跟随韦罗基奥学习过一段时间。除此之外，基兰达约在学艺期间也非常活跃与出众，也曾做过波提切利和佩鲁吉诺的助手。

1482 年，基兰达约接下美第奇家族银行总负责人弗朗切斯卡·萨塞蒂的委托，为其建在天主圣三圣殿的萨塞蒂小教堂做壁画装饰，擅长大尺寸湿壁画的基兰达约为这个委托创作了一件包含六个场景的壁画，描绘了圣方济各的生平，他还在其中加入了洛伦佐·美第奇与他的儿子，还加上了萨塞蒂本人，用以让雇主更加满意。这次委托后，基兰达约还认识了他日后的赞助人、美第奇银行在罗马的负责人乔瓦尼·托纳波尼。

尽管基兰达约因湿壁画而为人所熟知，但他的木版画同样出色。他曾为很多教堂创作过祭坛画，也拥有大量的木板肖像作品，基兰达约自小热爱为其他人绘制肖像，他也将这个习惯一直保持到最后。在他的笔下，人们的面容告别中世纪和文艺复兴早期的僵化，也并不完全采取当时流行的完全侧面的肖像画形式，他开始在某些作品中做出尝试，让人物有了四分之三新角度，这与达·芬奇当时所推崇的画像方式类似，这种方式让人物脸部更加立体生动，可以展现更多的情绪。他笔下的人物往往带有忧郁的表情，而非过去那种虔诚或者呆滞的神情。

瓦萨里曾在自己的书中给予基兰达约高度赞美，称他为那个时代“最优秀的大师之一”。根据瓦萨里的说法，基兰达约不但画技出众，而且视觉异常敏锐，他曾在没有借助任何工具的情况下绘制了一幅古罗马纪念碑。之后别人用工具进行了测量，证明了这件作品有着精准的尺寸和透视比例。

基兰达约在 19 世纪曾一度为艺术界所追捧，但 20 世纪初这种热度就消失殆尽，直到 1994 年国际上才又有一场研讨会来探究他的作品，有专家认为他更像是一个历史画家，这显然对我们了解文艺复兴时期的意大利提供了更多的帮助。

第 57 页图
《一位老人与他孙子的肖像》
62.7cm × 46.3cm
1490 年
木板蛋彩画
法国巴黎罗浮宫

第十二节 博斯

奇异虚幻的怪诞奇才

博斯虽生活于 15 世纪，但他的想象力毫不逊色于现在的人。他的作品总是充斥着各种怪诞、奇异的组合生物，被称作是 20 世纪超现实主义的启示者之一。作为尼德兰画派的代表人之一，他的风格也是极为独特新颖的。

博斯生于一个艺术世家，祖父与父亲都是画家，所以从小对艺术耳濡目染，后来他也成了尼德兰的著名画家。但 15 世纪是一个动荡混乱的年代，教会堕落，瘟疫来袭，人们生活在水深火热当中。所以博斯的作品总是出现各种怪诞形象。在《末日审判》中，人变得不像是现实中的人，而是面目全非或者身体变异，博斯用夸张变异的形象来表现当时教会的堕落与人类道德的沉沦，极具警示意味。

这在他的另一代表作《愚者之船》中更为明显。愚人们同乘着一条船，只顾吃喝玩乐，还由一个傻子来掌控船的驶向，开往所谓的"愚人的天堂"。博斯用船上的愚人比喻当时社会上各种罪恶的行径，用幽默反讽的艺术手法揭露和批判了教会的愚昧无知。

博斯的画在当时来讲是极为晦涩难懂的，因为他的想象力太丰富，画中也包含了他太多的想法。就像德国艺术史学家潘诺夫斯基在《早期尼德兰绘画》中所说："博斯的作品是我努力去描述尼德兰绘画的传统起源和特征潮流中的一个孤独而难以接近的岛屿。"但也正是这座"孤岛"，令尼德兰绘画变得更加丰富多彩，意义深远。

第 59 页图
《末日审判》局部

《末日审判》
99cm × 117.5cm
1486—1510 年
木板油画
比利时布鲁日格罗宁格博物馆

《蒙娜丽莎》
77cm × 53cm，约 1502 年
木板油画
巴黎罗浮宫

第十三节 达·芬奇

高颜值高智商的文艺复兴全才

谈到名作《蒙娜丽莎》，大家会立刻想到达·芬奇，反之，一说到达·芬奇，大家脑海里也会立即浮现蒙娜丽莎那一抹神秘微笑。但对于达·芬奇来讲，《蒙娜丽莎》只不过是他众多研究领域里的一颗璀璨珍珠而已。因为达·芬奇不仅是一位杰出的画家，他还是一位思想深邃的发明家、哲学家、预言家、雕塑家、音乐家、

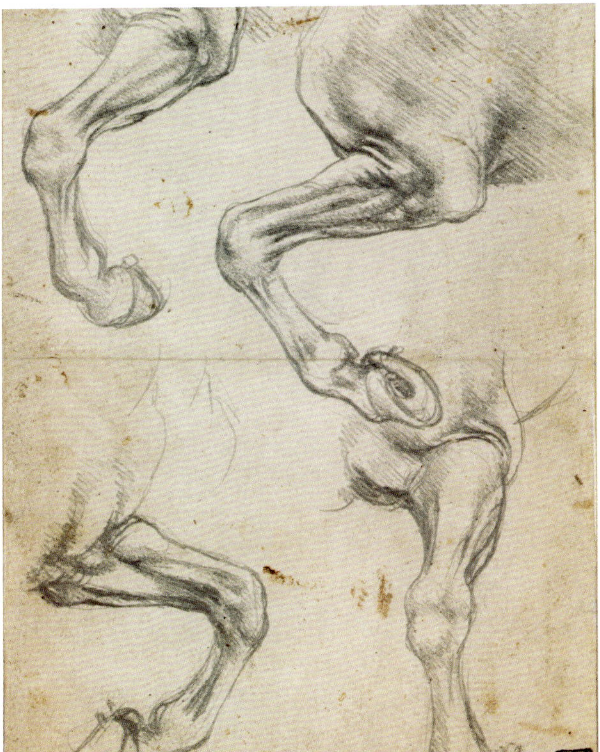

《马的腿部练习》

《男性肩部和颈部的解剖图》

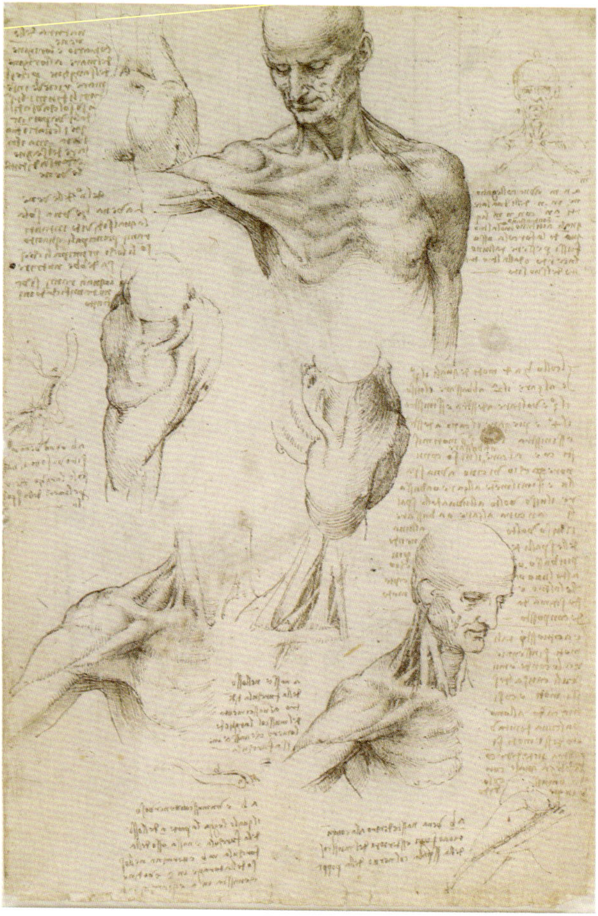

医学家、生物学家等。与米开朗琪罗、拉斐尔共同担任文艺复兴代言人。同时，这位高智商的天才还有令人忌妒的高颜值，明明可以靠脸吃饭却偏偏靠才华。

达·芬奇成长于人文学者聚集的佛罗伦萨，但他对那些古典学问以及新柏拉图思想毫无兴趣。他热爱人文，更爱科学。他认为给艺术奠定科学的基础可以令艺术从微不足道的手工艺变成体面、高贵的职业。为了准确画好人体，他解剖过三十多具尸体，并绘制了第一幅正确的解剖图。为了了解动物的结构，达·芬奇

第 65 页
《维特鲁威人》
1487 年
钢笔墨水
意大利威尼斯美院美术馆

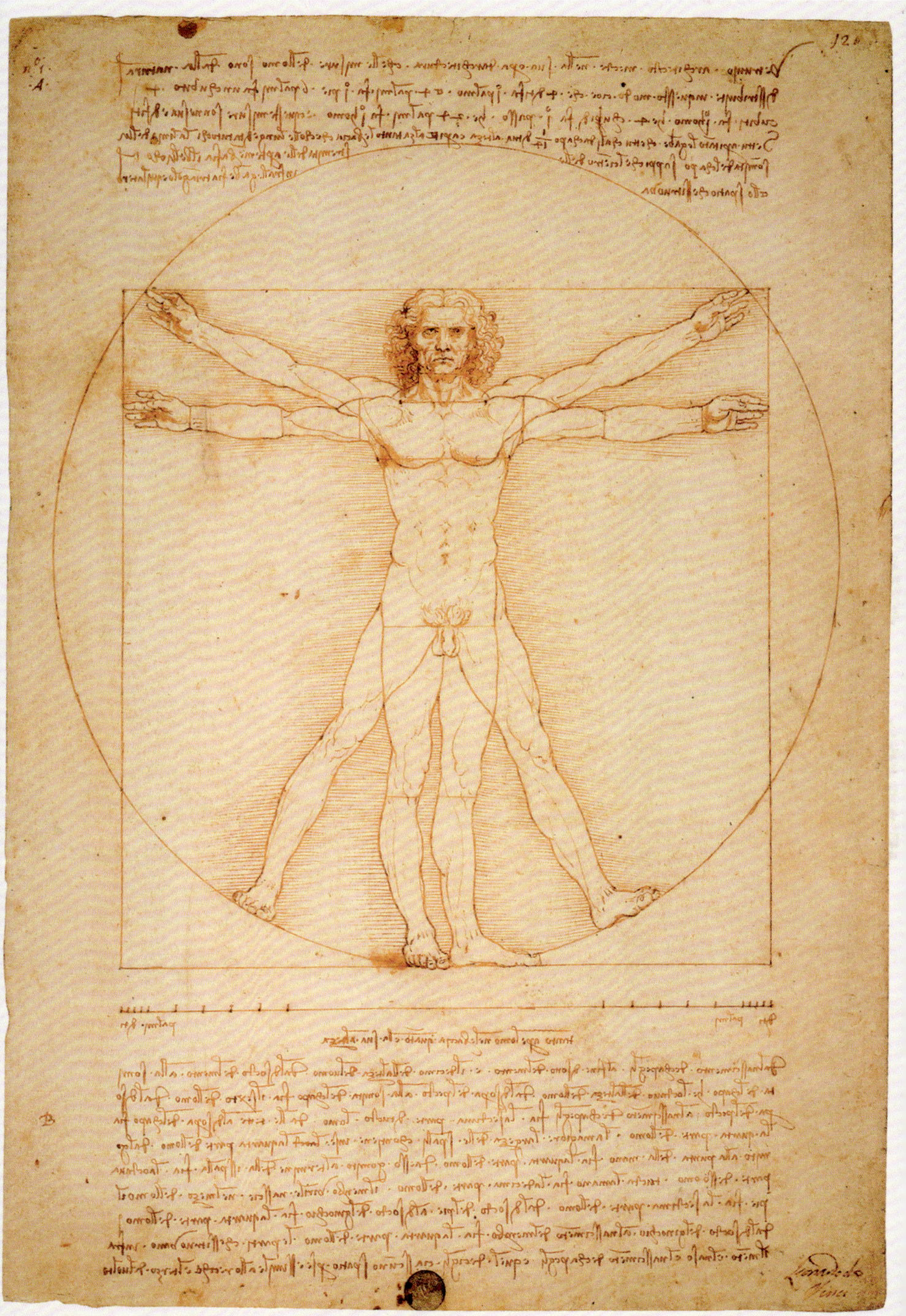

《最后的晚餐》
460cm × 880 cm
约 1495—1498 年
壁画
米兰圣·玛利亚感恩堂

也解剖动物尸体。在此之前达·芬奇绘制了人体比例名画《维特鲁威人》：一个男人在同一位置呈现"十"字和"火"字形，并且分别放置在一个矩形和圆形当中，展现了男性完美的人体比例。在画的下方还有一段描述："人伸开的手臂的宽度等于他的身高 ......"。后来其被称作是维特鲁威定律。

达·芬奇喜爱研究人的表情，画过许多人头素描随笔，笔下的人物表情生动丰富，栩栩如生。所以后来绘制的《最后的晚餐》，《最后的晚餐》）中的人物形态塑造得极为成功。处于正中间的耶稣平静地说："你们之间有一个人出卖我了。"11

位门徒皆惊恐万分，争先恐后地问是谁，只有犹大一人不做手势，不加询问。在以往的传统画本中，使徒只是安静地在餐桌旁坐成一排，而犹大与他们隔离开来。但在达·芬奇笔下，一切都具有了戏剧性。怀疑、猜忌、故作镇定等，将人的真实情感描绘得淋漓尽致。

达·芬奇的另一幅作品可能比《最后的晚餐》更为著名，那就是佛罗伦萨一位贵妇人的肖像画——《蒙娜丽莎》。一抹神秘诡异的微笑，像是嘲弄着观者，又像是引诱。达·芬奇将这一位有血有肉的女子塑造成了仿佛有着圣母光芒的形象，使

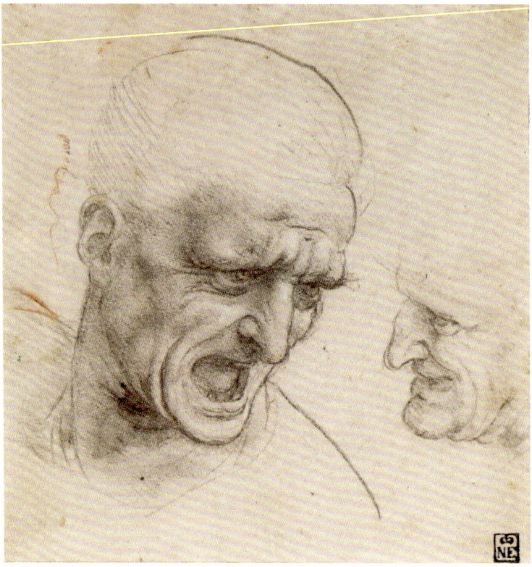

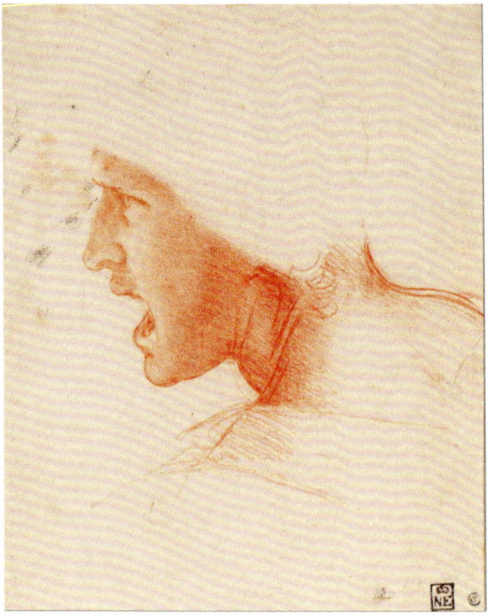

左图
《安吉亚里战役的两个战士头部草图》

右图
《安吉亚里战役的一个战士头部草图》

世人臣服。在这张画中达·芬奇用了他著名的绘画手法——渐隐法与明暗对照法。渐隐法即将边缘模糊化，这种模糊不清的轮廓和柔美的色彩使一个形状融入另一个形状，让观众产生无限遐想。明暗对照法则是让明暗相互协调以产生立体感，使人物更加突出。

人总是在思考，是伟大的时代造就了天才还是天才造就了伟大的时代。或许，只有有了达·芬奇这位天才的诞生，文艺复兴时期才算是完整的伟大时期。达·芬奇的天才不仅体现在他的绘画技巧上，还体现在他捕捉人微妙表情和情感的能力上。随着时代的更迭，蒙娜丽莎的魅力会历久弥新，达·芬奇在艺术和科学上的研究也必定影响未来。

第69页图
《救世主》
65.6cm × 45.4cm
1500年
木板油画
巴黎罗浮宫

第十四节 丢勒

画风细腻庄严的北方文艺复兴天才

阿尔弗雷德·丢勒，德国画家，版画家，其作品包含油画、素描、版画，其中版画最具影响力。丢勒幼时就显现出艺术天分，跟随父亲学习，13岁时就能创作逼真的自画像，与另一位文艺复兴天才达·芬奇遥相呼应。

丢勒是北方文艺复兴的代表人物。当时的德国正处于暗淡时期，饥荒瘟疫四起，人们思想散漫，社会矛盾也诸多。但身处水深火热之中的丢勒并没有就此颓废，而是在这一个相对落后的过渡中苦苦追寻着人性的光辉。

丢勒少年时跟随父亲学艺，长大后进入画家沃格穆特的工作室学习。学习结束后，丢勒开始旅行，在长达4年的旅行中，丢勒的艺术理念逐渐形成。他在23岁时就成为有影响力的艺术家。

丢勒26岁时创造了另一幅自画像，画中的丢勒刚结束了意大利文艺复兴之旅，穿着礼服，洋溢着自信，散发出一种高贵的气质。1511年，丢勒创作了自己的油画代表作之一的《圣徒对三位一体的崇拜》，三位一体指的是圣父、圣子和圣灵的一体。画中描绘的鸽子象征圣灵，老人即代表圣父，基督则是圣子。画面中的众多人物视觉对称，庄严肃穆。教皇、主教与国王的精工细密的服饰也表现了丢勒善于描绘细节的长处。这在《马克西米利安一世》《亚当与夏娃》中也有体现。除去油画作品，铜板版画是丢勒最具代表性的作品，如《93岁老人像》与《祈求的手》。

丢勒是德国最伟大画家之一，他的艺术探索对德国后来艺术家也产生了深远影响。

《自画像》
1498 年
52cm × 41cm
油彩、画布
西班牙马德里普拉多美术馆

《圣徒对三位一体的崇拜》
135cm × 123.4 cm
1511 年
油彩、木板
奥地利维也纳艺术史博物馆

《马克西米利安一世》
74cm × 61.5 cm
1519 年
油彩、木板
奥地利维也纳艺术史博物馆

《亚当与夏娃》
209cm × 82 cm
1507 年
油彩、画板
西班牙马德里普拉多美术馆

第 75 页图
《祈求的手》
29cm × 19.7 cm
1508 年
画笔、色纸
奥地利维也纳艺术史博物馆

《93岁老人像》

第十五节 米开朗琪罗

神圣人物的塑造天才

米开朗琪罗·博纳罗蒂，意大利文艺复兴时期著名的雕塑家、画家、建筑师和诗人，是文艺复兴时期雕塑和壁画艺术的领先人物，并且与同时代的艺术天才达·芬奇与拉斐尔并称“文艺复兴三杰”。其耗时四年零五个月，完成了世界上最大的壁画——西斯廷教堂天顶壁画《创世纪》，成为其壁画艺术的最高峰。

米开朗琪罗，出生于意大利佛罗伦萨附近的一个小镇，父亲是行政长官，家境优渥。13 岁时就进入了享誉佛罗伦萨的画家吉兰达伊奥的画室，在那里，米开朗琪罗开始了自己的艺术生涯。后来不满足画室的学徒制教育，又进入了美第奇学院学习，在那里，米开朗琪罗学习了众多以往大师的艺术创作精髓，为他后来的壁画和雕塑创作打下了坚实的基础。

《创世纪》是米开朗琪罗为西斯廷礼拜堂大厅所创作的巨型壁画，由“上帝创造世界”“人间的堕落”“不应有的牺牲”三部分组成。展示了 9 幅宗教题材壁画，题材均采自《圣经》开始的部分。分别为《神分光暗》《创造太阳、月亮和植物》《神分水陆》《创造亚当》《创造夏娃》等。《最后的审判》也是其为西斯廷天主教堂绘制的壁画，描绘了基督来临的那一刻，正在审判生者和死者，被免罪的人将得到永生。

《哀悼基督》是其雕塑作品的代表作之一。雕塑中，基督面无任何痛苦的表情，横躺在圣母玛利亚的两膝之间，头后仰，右手下垂，显得虚弱无力。圣母面露哀色，俯视着基督冰冷毫无生气的身体，陷入深沉的悲痛之中。

不管是壁画还是雕塑，米开朗琪罗总能生动和清晰地表达人物的性格特点和心境，将其用艺术语言展现在观者面前。

IONAS

《哀悼基督》
1498—1499 年

第 78 页图
《最后的审判》
1,370 cm × 1,220 cm
1536—1541 年
梵蒂冈博物馆（西斯汀礼拜堂）

第 80、81 页图
《创造亚当》
280 cm × 620 cm
1508—1512 年
壁画
梵蒂冈博物馆（西斯汀礼拜堂）

《创造太阳、月亮和植物》
280 cm × 620 cm
1508—1512 年
梵蒂冈博物馆（西斯汀礼拜堂）

第十六节 乔尔乔内

追求诗意的专情才子

乔尔乔内是威尼斯画派成熟时期的代表人物，也是架上画的先行者，一生只创造了三十余件作品，其中现存的真迹也大概只有五到六件。他与另一位大师提香是同门师兄弟，两人经常合作，所以有后世认为乔尔乔内的某些作品为提香所作，比如乔尔乔内最为著名的《田园合奏》，现今罗浮宫的作者名就写的提香，可见两人的风格有多相似。

乔尔乔内爱好广泛，不仅热爱绘画，还极其喜爱诗歌、音乐，所以在他的作品中经常出现乐器、诗集，观者也总能感受到微妙的诗意与旋律。其中《田园合奏》最为著名。

《田园合奏》又称《乡村音乐会》，画中描绘了两位裸体女性与两位男子在田园里弹琴娱乐。前景的裸体女性姿势优美典雅，也是汲取了古希腊雕塑式的范式。乔尔乔内着力表现女性裸体的美，也暗示了那个时代的审美趣味。中景的男子手里抱着琴正低声讨论，仿佛是为了音乐会而准备，即将在这充满幻想的大自然里尽情享乐。作品展示了一派人神交流、人人交流的幻境，用充满诗意的笔触与色彩，表达了人们对美的追求与向往。《田园合奏》起初是乔尔乔内画的人物，后面的风景其实大多都是提香后来补画的，所以这件作品也是大师们的合作创作。《日暮时刻》的风景也是提香所作。

《入睡的维纳斯》也是乔尔乔内的名作之一。画面描绘了希腊神话中的爱神维纳斯赤裸侧身躺在草地上的情景，同时，这一女性侧身裸体姿势的描绘是艺术史上的首创，后来也被印象派大师莫奈效仿。画中模特是乔尔乔内在聚会上邂逅的一位女士，当时乔尔乔内与她一见钟情，两人坠入爱河。后来以她为模特创作了这件作品，但她突然患上了瘟疫，乔尔乔内不离不弃，最后同样患上了瘟疫，两人双双命丧黄泉。后来也是提香完成了后面的风景。

乔尔乔内虽英年早逝，却将画中的诗意展现在了自己的人生中，短暂而美好。

《田园合奏》局部

《田园合奏》
110cm × 138cm
1508—1509 年
布面油画
法国巴黎罗浮宫

《入睡的维纳斯》
108.5 cm×175 cm
1510 年，油画
德国德乐斯登国立美术收藏馆

第十七节 拉斐尔

温和细腻的圣母控

作为文艺复兴三杰之一，拉斐尔无疑是最年轻的：才能巨大的米开朗琪罗比他大八岁，学识广博的达·芬奇比他大三十一岁。儒雅文静的拉斐尔极其擅长与赞助者打交道，因为他谙熟其喜好。拉斐尔酷爱绘制圣母像，他笔下的圣母圆润柔美，细腻精致。拉

《自画像》
1506 年
现藏于乌非齐美术馆

《圣母子和圣约翰》
122cm × 80 cm
1507 年
巴黎罗浮宫

斐尔将自己的绘画才能与交际能力融会贯通，从而在文艺复兴中开创了属于自己的领域。

圣母像无疑是拉斐尔最擅长的领域，其代表作之一就是《草地上的圣母》。画中三个人物构成一个稳定的三角形，也被称作金字塔结构：圣母的头部则构成了三角形的顶端，两个孩子占据了画面下方，左侧手持十字杖的小圣约翰单膝跪地，右侧小耶稣则站立。圣母面庞柔美细腻，温软如现实中的普通母亲一般，眼神宠爱地望向孩子。不管是情感上还是构图上，都表现了拉斐尔绘画的和谐自然之美。其另一幅作品《美丽的加迪涅尔》也体现

《雅典学院》
620cm x 770 cm，1509 年，壁画
梵蒂冈博物馆

了拉斐尔的金字塔构图特点。

但要说到拉斐尔圣母像的巅峰之作，那应属《椅中圣母》。画中以圆形作为构图，人物显得紧凑饱满。圣母微侧着头看向画外的观者，眼神流露出母亲深沉而欢乐的爱。圣母双手抱着肉肉的小耶稣，柔嫩的手与腿刻画得生动如真。身后的小约翰又望向圣母的方向，画中的眼神传递显得连贯而有趣。拉斐尔所处的时代崇尚绘画的和谐美、理想美，在人文主义大师眼中，在艺术中体现现实美感更为重要，即对生活美与人性美的挖掘。《椅中圣母》就是对这种思想的一种好的诠释。

除了圣母像，拉斐尔的《雅典学院》也是其重要代表作之一。画中绘制了拉斐尔心中的古希腊哲学家柏拉图所建的雅典学院，其正中间的左侧是柏拉图，右侧是亚里士多德。以古代七种自有艺术，即天文、音乐、语法、修辞、逻辑、数学、天文为基础，来表达人类对智慧与真理的无尽追求，也寄托了画家本人对美好未来的希冀和向往。

作为文艺复兴三杰之一，拉斐尔的作品体现了追求现实生活美和真实之美的人文主义精神。圣母并非身处神坛而远离人类，她有着和天下母亲一样爱孩子的心。所以于拉斐尔画中，我们会感受到亲切真实的现实生活之美。

《椅中圣母》
71cm × 71 cm
1514—1515 年
意大利佛罗伦萨帕拉汀画廊

第十八节 保罗·委罗内塞

勇于突破的现代绘画奠基者

保罗·委罗内塞，作为和提香、丁托列托并列的文艺复兴晚期威尼斯画派“三杰”之一，其作品在装饰性上有着极大的突破：色彩绚烂、透视出色，使得他的作品看起来尤为华丽。他的绘画风格迎合了当时的以“自然”“美丽”等为追求的审美需要，他对巴洛克艺术的影响也不可估量。并且委罗内塞的作品光线充足的室外场景激发了整个19世纪的绘画创作，作为现代绘画的奠基者，他的绘画方式被认为是更精细和更美丽的艺术革新或者如印象派所认为是更代表自然主义的。

13岁的委罗内塞因资质不凡，在1541年就来到了威尼斯画派代表画家安东尼奥·巴迪尔的工作室。三年后因为能力出众，他又进入了另一个威尼斯代表画家乔瓦尼·弗朗切斯科·卡罗托的工作室做学徒。这些经历使得委罗内塞所接受的培训都是带有晚期威尼斯画派的风格主义方向的，但委罗内塞也有自己的独特特色，很快发展了自己的一套样式：注重浓烈色彩。这使得委罗内塞在当时名声大噪，深受艺术赞助人青睐，使其市场也进一步扩展。

《迦南婚礼上的盛宴》《在亚历山大前的大流士家族》即在这样的情况下创作。

在1562年，本笃会修道士委托委罗内塞为圣乔治·马焦雷岛教堂做装饰。他们规定装饰壁画的总面积必须超过66平方米，并且所用材料和颜料都应该是上乘货色。委罗内塞不负众望，在近十米宽的油画布上绘制了取自新约《圣经》中第二章第一到十一节故事的场景。《迦南婚礼上的盛宴》展示了在迦南的婚礼上，耶稣把水变成葡萄酒的场景。前景描绘了盛大的庆祝场面，并且委罗内塞按照规定在油画布上塞进了许多人物的画像，这其中包括威尼斯画派一些重要人物如：提香、丁托列托等，而他本人也

《迦南婚礼上的盛宴》
677cm × 994cm
1563 年，壁画
法国巴黎罗浮宫

《在亚历山大前的大流士家族》
236.2cm × 474.9cm
1565—1567 年
布面油画
英国伦敦国家美术馆

在其中。

而《在亚历山大前的大流士家族》描绘的是伊苏斯战役后，波斯皇帝大流士的全家作为战败一方被希腊军队俘虏后，面见亚历山大大帝的一幕。委罗内塞没有采取还原历史的方法来画这幅画，而是用威尼斯画派喜欢采用的方式，将同时代的人物形象和服饰装扮放置在一个富丽堂皇的大厅中，这使艺术品中融入了世俗化，这样既可以讨好委托人又可以让画面看起来生动有趣，还可以容纳下画家的个人喜好。在这次的委托中，画面中出现了栏

杆这样一个重要的道具，它们在画面中起到了平衡及切割画面的作用，这是委罗内塞所习惯采用的均衡画面的办法，将画面绘制的工整清晰，让各种热闹的场景中带着冷静。

在委罗内塞的一生中，他的才能不仅仅局限在驾驭天顶壁画，他除了留给世人大量的壁画作品，还有一些祭坛画、神话题材作品以及肖像画等，现存的一些草稿也让我们了解到这位画家是多么的勇于突破自我。

第十九节 提香

动如脱兔，静如处子的色彩大师

提香的一生既有拉斐尔般的一帆风顺又有米开朗琪罗般的长寿。生活的平静让提香在画中向往着变化与动态，对色彩的敏锐又使得他擅长用颜色来表达情感。

提香喜爱变化，笔下有很多“动如脱兔”的人物形态。比如《酒神巴库斯与阿里阿德涅》讲的是宙斯的儿子巴库斯在驾车出游时邂逅了不久前失恋的阿里阿德涅，描绘的是他们一见钟情的场面。巴库斯纵身从车上飞向阿里阿德涅，极富动感，成为画面的突出中心，给观者带来强烈的视觉冲击。衣衫随风飘起，同时也被巴库斯的动态所迁扰，巴库斯热情激动地望向阿里阿德涅，阿里阿德涅也报以深情凝望，迫不及待地奔向巴库斯。在提香的另一幅作品《戴安娜与阿克太翁》中也有提香式的动态人物。年轻猎人阿克泰文无意间掀开帘子，看见正在洗澡的戴安娜，戴安娜惊恐万分，拿起身边的袍子遮住自己。在《酒神祭》中也充满了戏剧性的动态感。

提香还能绘制“静如处子”的画作，比如《乌尔比诺的维纳斯》。当时为了庆祝乌尔比诺公爵的婚礼，提香受委托画了这幅作品。画中的主角是一名在威尼斯享有盛名并且经常陪伴提香进餐的交际花。模特身体丰满匀称，眼神充满无畏，安静地凝望着画外的观者，仿佛是我们赤身裸体，应该感到羞愧。后方的黑色背景将她衬得肤若凝脂。左手自然地搭在隐秘处，大胆中又留有一丝矜持。画家将维纳斯置身于现实之中，从而拉近了与观者的距离，同时也迎合了上层阶级的口味。

提香的另一幅画《照镜子的维纳斯》也体现了提香在绘制人物形态与色彩方面的天赋。这幅作品是画家七十八岁时所作，是他晚年作品中的代表作。其将丰满、健康、富有高贵气息的维纳斯塑造成宫廷贵妇人。华丽奢侈的珠宝、长袍，将维纳斯

的神圣气质与现实之美融合，令观者倍感亲切。

长寿安稳的一生并不能使提香安于现状，他在绘画中不断追求动态与变化，既能绘出动如脱兔的形态，也能绘出静如处子的形象，用漂亮的色彩和笔触表现丰富多彩的人与事物。

《自画像》
86cm × 65cm
1562 年
布面油画
西班牙普拉多博物馆

《酒神巴库斯与阿里阿德涅》
176.5cm × 191cm
1522—1523 年
布面油画
英国伦敦国家美术馆

《戴安娜与阿克太翁》
184.5cm × 202.2cm
1556—1559 年
布面油画
英国伦敦国家美术馆

864

《酒神祭》
175cm × 193cm
1523—1526 年
布面油画
西班牙普拉多博物馆

《酒神祭》局部

《照镜子的维纳斯》
124.5cm ×105.5cm
1555 年
油画
美国华盛顿区国家画廊

《乌尔比诺的维纳斯》
119cm × 165cm ，1538 年，油画
意大利佛罗伦萨乌菲齐美术馆

第二十节 安东尼奥·科雷乔

神秘的先行者

安东尼奥·科雷乔，文艺复兴时期的杰出画家。他的叔叔洛伦佐·阿莱格里是当地一位小有名气的画家，所以安东尼奥年幼时就跟随叔叔学习绘画，被引领进入了绘画的大门。

科雷乔家境优渥，父亲是一位富裕的商人。在幼年时科雷乔就已表现对艺术的喜爱，所以自幼学习绘画，在青年时期就成为当地著名的画家。

1503年，科雷乔前往画家费拉拉的画室，在那里的学徒时期，他得以接触洛伦佐·寇斯塔和弗朗西斯科·弗朗西亚的古典主义风格作品，并受到较大影响。在1514年，他接受来自曼图瓦圣安德肋圣殿的委托，为教堂的入口处制作了三个圆形浮雕装饰。他的名气也渐渐累积起来，成为当地小有名气的画家，并为家乡的圣弗朗西斯修道院绘制了一幅祭坛画。

1522年他接受帕尔马主教堂的委托，为教堂穹顶创作了一幅惊人的壁画——《圣母升天》。在这幅巨作中，科雷乔同样采用了与圣保罗修道院穹顶一样的幻觉式的视觉方法，他利用光影和透视，将圣母置身在画面中间的光源中，周围布满了一层又一层的云彩与天使，当人们站在穹顶下方往上望去的时候，会产生一种光芒四射，直通天国的神秘幻象，流光溢彩，美妙非凡。科雷乔的这种手法最终为之后的巴洛克艺术所发扬光大，并成为之后的普遍技艺。

科雷乔不但擅长穹顶壁画，还是位出色的油画画家，创作了诸如《哀悼》《四圣徒的殉难》等宗教题材的油画作品，除此之外，他还画了一系列的神话题材油画。比如，他将奥维德笔下的《变形记》绘制成了一系列的“朱庇特之爱”。在作品中，科雷乔展现了晚期文艺复兴及早期巴洛克过渡时期的风格，在人像处

《圣母升天》
1093cm × 1195cm
1526—1530 年
湿壁画
意大利帕尔马主教堂

理上逐渐从过去的端庄宁静转为了情感色彩强烈的方式，人物不再只是通过面部表情和肢体语言来传达情感，其裸露在外的身体也在散发着各种情绪，稳固的构图方式让画面看起来非常的均衡，不偏不倚，用一种梦幻般的手法让整个画面的细节异常生动。

科雷乔是个性格阴郁、内向的人，尽管留下了很多作品，但他对同时代的人来讲也是一个非常神秘的画家。他并不热衷于培养学徒，可能也并没有太多的人能在那种时代理解他脑子里那些奇幻美妙的场景。科雷乔的画作因为风格特色鲜明，在他的时代从不曾特别流行，但当巴洛克艺术逐渐兴起之后，人们才发现了这个先行者的脚步已经趟过了时代的鸿沟，为他们留下了榜样的作品。

《朱庇特与艾欧》
162cm × 73.5cm
1530 年
布面油画
奥地利维也纳艺术史博物馆

第二十一节 荷尔拜因

冷静客观的肖像画大师

汉斯·荷尔拜因，德国著名的肖像画家，尤为擅长油画和版画，是欧洲北方文艺复兴的代表画家之一。荷尔拜因的作品精致细腻，仿佛用放大镜观察都不会发现些许瑕疵。颜色近乎平涂，一丝不苟，能看出画家作画时内心的平静和谨慎，还有对绘画精益求精的精神。

荷尔拜因出生于巴伐利亚的奥格斯堡，自幼跟随他父亲老汉斯·荷尔拜因学习绘画。后来前往瑞士巴塞尔，在那里结识了众多文学学者，受到新思想的触发，逐渐形成了自己的独特艺术观念，绘画技法也突飞猛进。

《大使们》
207cm × 209.5cm
1533 年
油彩、橡木
英国伦敦国家画廊

《孩童时的爱德华六世》
56.8 cm × 44 cm
1538 年
油彩、画板
美国华盛顿国立美术馆

肖像画是荷尔拜因的最大成就，在其 19 岁时为巴塞尔市长创作的肖像画成为其成名之作。《大使们》是荷尔拜因的肖像画代表作之一。画中荷尔拜因极力凸显人物的社会地位和性格特征，

但是荷尔拜因并没有故意去美化和修饰，而是以非常直观、写实的手法，客观记录了自己的感受和理解。特别是细节部分，处理得十分精致，十分具有说服力。这些肖像特点在荷尔拜因的其他作品，如《孩童时的爱德华六世》《商人乔治·吉斯泽肖像》中都有体现。

《商人乔治·吉斯泽肖像》
96.3 cm × 85.7 cm
1532 年
油彩、木板
德国柏林国立博物馆绘画陈列室

除了肖像画，早期的荷尔拜因也尝试过宗教题材的作品，如《旧约和新约的寓言》。

LEX
MYSTERIVM IVSTIFICATIONIS
PECCATVM
HOMO
MORS
MISER EGO HOMO, QVIS ME ERIPIET EX HOC CORPORE MORTI OB NOXIO ? RO. 7
ESAYAS PROPHETA
ECCE VIRGO CONCIPIET ET PARIET FILIVM. ISA. 7
ECCE AGNVS

《旧约和新约的寓言》
64.13 cm× 74.61 cm
1530 年
油彩、木板
英国爱丁堡苏格兰国家画廊

第二十二节 勃鲁盖尔

《自画像》

奇思妙想的农民画家

勃鲁盖尔虽被称为“农民画家”，但其思想却一点都不“土”。他善于思想，天性幽默，将生活中的大智慧用绘画语言表现出来，令观者在玩笑的同时也不禁深思其含义。

《雪中猎人》是勃鲁盖尔的风景画代表作之一。漫山的白雪与近景处重色的人和动物形成强烈对比，主体突出，像是在观者眼前。天空阴沉寂静，猎狗仔细嗅着地上的踪迹，猎人也在前进，一切都显得那么朴实生动。勃鲁盖尔的画中总是充满情感，饱含对乡村生活的热爱与眷恋。

勃鲁盖尔也绘制圣经题材的画。巴别塔又叫通天塔，讲的是人们的强烈欲望，想要达到天界，于是造就了巴别塔，神知道后异常愤怒，就使塔里的人说不同的语言，于是人们无法沟通，最终离开，留下未完成的巴别塔。这也是圣经中人类语言分化的起源。勃鲁盖尔用圣经故事映射现实生活的纷争，也表现了人与自然斗争时的英雄气质与悲剧性。

《荷兰谚语》也叫《尼德兰箴言》，体现了勃鲁盖尔的幽默诙谐，还有他不凡的绘画技能与智慧。画中共有一百多个谚语，有些至今仍在使用。比如一幅画中一手拿水桶一手拿火钳的女人，代表的是：别相信一手拿火一手拿水的人，因为他们是两面派。还有用头撞墙的男人，寓意为“试图做不可能完成的事”，而他右脚穿鞋左脚赤着，又寓意“平衡最重要”。没想到一个人身上会出现两个谚语。

勃鲁盖尔的另一件作品《疯狂的梅洛》也是出自一个谚语：“她可以在地狱面前掠夺，并且毫发无伤的返回”。当时尼德兰正处于西班牙的残暴统治之下，无数人惨遭宗教迫害，而勃鲁盖尔用一种宗教大屠杀来暗指西班牙的暴虐统治，将现实生活中的残酷与绘画结合，用隐喻的方式来记录时代的黑暗现实。

勃鲁盖尔是农民的画家，他也是时代的画家。他不仅热爱乡村的朴实宁静，也爱祖国的安定与和平。他的作品是时代与艺术的结晶。

《雪地里的猎人》
116.5cm × 162cm
1565—1568 年
木板油画
奥地利维也纳艺术史博物馆

第 124、125 页图
《巴别塔》
114cm × 155cm
1563 年
木板油画
奥地利维也纳艺术史博物馆

《尼德兰箴言》
117cm × 163cm
1559 年
木板油画
德国柏林国立美术馆

《疯狂的梅洛》
115cm×161cm
1562 年
安特卫普梅耶美术馆

第二十三节 格列柯

画风戏剧性的表现主义先驱

埃尔·格列柯，西班牙著名画家、雕塑家与建筑家，是样式主义的运动者之一，也被大众公认为表现主义及立体主义的先驱。他影响了后来的大师巴勃罗·毕加索。格列柯的画风诡诞，用色无常多变，融合了拜占庭传统与西方绘画风格。

格列柯出生于坎迪亚王国，当时是威尼斯共和国的一部分，也是后拜占庭艺术的中心。与其他希腊艺术家一样，在他 26 岁启程前往威尼斯之前，为了成为一个画家，他已经接受了传统的艺术训练。1570 年，他搬到罗马，在那里开了一个工作室并执行了一系列的工作。在意大利工作生活期间，格列柯的艺术风格得以发展和确认，他受到了当时威尼斯画派与罗马很多艺术家的影响，其中丁托列托的矫饰主义对他的影响最为深远。1577 年，他搬到了西班牙的托莱多，他在那里生活和工作直到去世。在托莱多，格列柯收到了几个主要的委托，并创作了他最著名的画作。

格列柯作品中的戏剧性和表现主义风格并未能在同时代人中引起太多的共鸣，但在 20 世纪却得到了人们的欣赏。他被视为表现主义和立体主义的先驱，而他的个性和作品则是 Rainer Maria Rilke 和 Nikos Kazantzakis 等诗人和作家的灵感源泉。

《手抚胸膛的贵族男子》是格列柯肖像画中的代表作之一。格列柯的肖像画传神生动，直击人物内心，解释人物内心丰富而复杂的性格特点。画中描绘了一位圣骑士，黑色的背景和衣服显得庄重沉静，被光打亮的头部和胸前的手尤为突出，遵循了光学的传统原理，但也凸显了格列柯的主观意识创作的绘画特点，也让观者更能体会骑士的坚定和强大。《红衣主教圣杰洛米》也体现了格列柯对肖像画的把握。

《基督治愈盲人的奇迹》是格列柯有名的油画作品。基督治

愈盲人这个故事出自《圣经》，基督把油涂在盲人的眼睛上，使盲人重见光明。画中前景中的两个人物是盲人的双亲，他们为奇迹所感动。

《手抚胸膛的贵族男子》
81.8cm × 65.8cm
1580 年
西班牙马德里普拉多美术馆

《基督治愈盲人的奇迹》
119.4cm × 146.1 cm
1570 年
美国纽约大都会美术馆

《红衣主教圣杰洛米》
59cm × 48 cm
1600 年
英国国家美术馆

第二十四节 卡拉奇

传承古典的学院派创始人

安尼巴拉·卡拉奇，欧洲学院派创始人卡拉奇兄弟之一，并且是三兄弟中最有成就的一位。早期受到威尼斯画派及其他大师艺术的影响，前往罗马后，创作了一系列包含各种风格的壁画和油画作品，最后慢慢奠定了学院派艺术的基础，并且深刻影响了后来众多的学院派艺术家。

卡拉奇，出生于意大利城市博洛尼亚，自幼受到父亲的影响，开始学习艺术。后来前往威尼斯、帕尔玛等地游学，学习以往大师的风格。16世纪晚期定居于罗马，受到拉斐尔等人的影响，画风靠拢古典主义，作品如《基督在亚庇路上向圣彼得显现》《圣母哀悼基督之死》《圣母加冕典礼》《圣母怜子与圣法西斯和抹大拉的玛利亚》《梳妆的维纳斯》等，与同时代的意大利画家卡拉瓦乔的自然主义风格大相径庭。

经过大量的尝试，卡拉奇的风格逐渐成熟，后来和他的哥哥们，即洛多维科·卡拉奇，阿戈斯蒂诺·卡拉奇一起，成立了自己的画室。

《基督在亚庇路上向圣彼得显现》
77.4cm×56.3cm
1602 年
西班牙马德里普拉多美术馆

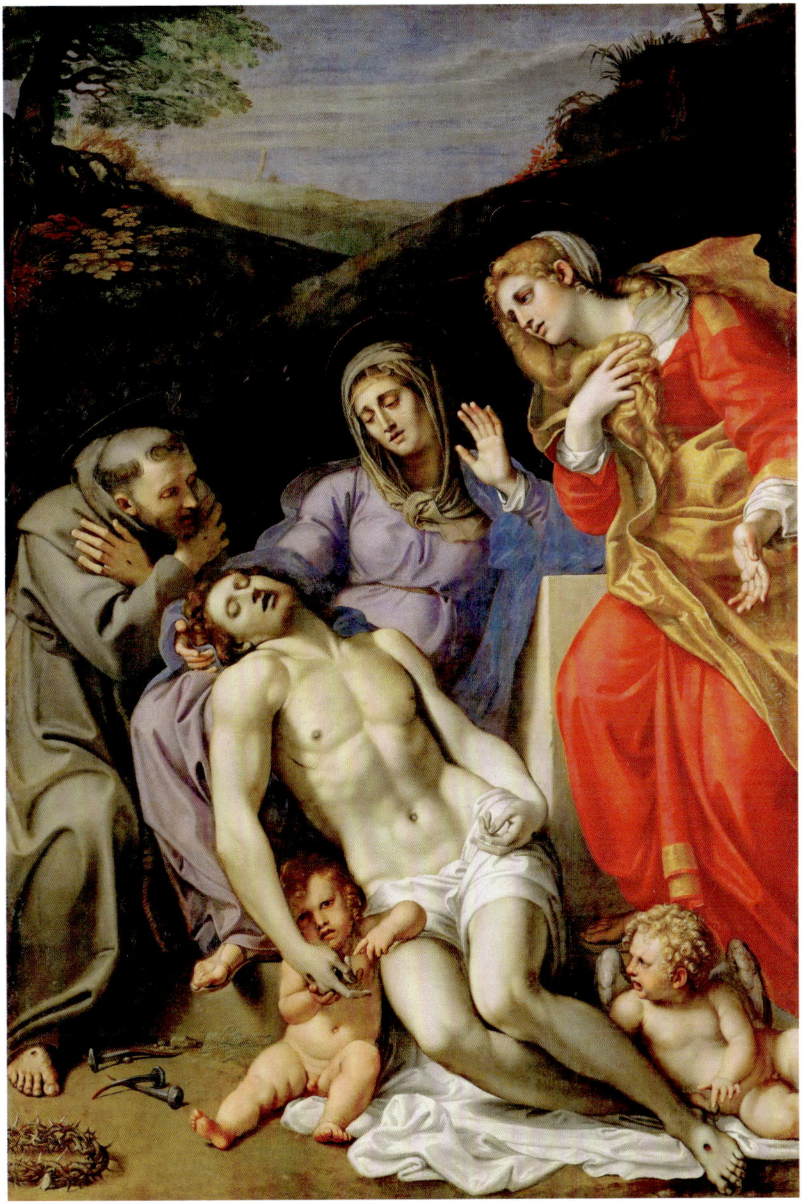

《圣母怜子与圣法西斯和抹大拉的玛利亚》
277 cm × 186 cm
1602—1607 年
法国巴黎罗浮宫

《圣母哀悼基督之死》
92.8 cm × 103.2 cm
1603 年
英国国家美术馆

《圣母加冕典礼》
117.8 cm × 141.3 cm
1595 年
美国纽约大都会博物馆

第 142、143 页图
《梳妆的维纳斯》
133 cm × 170.5 cm
1590—1995 年
美国华盛顿国立美术馆

《梳妆的维纳斯》局部

第二章

巴洛克艺术

第一节 卡拉瓦乔

放纵随性的绘画“浪子”

卡拉瓦乔一生都过着极为放纵的生活，他不同于同时期大部分画家，一边创作，一边还要担忧自己的生活保障。因为自他进入画坛以来，就过着不缺佣金和赞助的生活。可能也正是这份物质上的安逸，使得卡拉瓦乔行为随性，绘画风格也较为大胆自由。

卡拉瓦乔的父亲是镇上知名贵族的管家，母亲出生于本地的一个富裕家庭，所以卡拉瓦乔从幼时就已经开始与上层阶级打交道，这也成为后来他不缺赞助人的关键因素。

《酒神巴库斯》是卡拉瓦乔应赞助者——法兰西斯克·马丽尔·戴尔主教之命创作，后来被人们遗忘，直到20世纪在博物馆的库房里才被发现，做了大量的修补工作才得以重回大众。巴库斯，即希腊神话中的狄俄尼索斯，传说他是第一位酿造葡萄酒的神，并且把种植葡萄和酿造方法传播到各地。画中巴克斯的脸微微泛红，眼神迷离，像是喝了美味的葡萄酒后自然陶醉。背景的大片黑色将巴库斯的肌肤衬托得细腻光滑，后来也有研究者说画中少年是卡拉瓦乔的情人，因为这位美少年成为卡拉瓦乔众多作品的主角，例如《鲁特琴师》。

《召唤师徒马太》是卡拉瓦乔另一幅代表作。题材出自一个《圣经》故事。使徒马太原是一个税吏，因为从事政府收税，所以被人们憎恨。福音书就告诫人们：“能认识自己的行为是卑贱和被唾弃的人要远远胜过那些伪善的人。”因此耶稣决定在那些被憎恨的人里选择一位当他的门徒，于是他选择了圣马太。卡拉瓦乔将圣马太的形象的刻画得极为成功，给人朴实、厚道的感觉。大部分的黑暗背景正好凸显了来自耶稣召唤的神圣感，一道光线劈开了黑暗，同时也赋予了耶稣指向马太的手势以神秘象征感。

观看卡拉瓦乔的作品总会感受到一种强烈的戏剧感和冲突感，就正如卡拉瓦乔本人一样，大胆自由不受任何束缚。

《酒神巴克斯》
95cm × 85 cm
1571—1610 年
布面油画
意大利乌菲齐美术馆

《鲁特琴师》
119cm ×94cm
1600 年
油画
圣彼得堡艾尔米塔什博物馆

卡拉瓦乔《召唤使徒马太》
322 cm× 340 cm
1599—1600 年
意大利罗马圣路吉教堂

第二节 鲁本斯

豪放奢靡的多产画匠

作为早期巴洛克画派的代表画家，鲁本斯很好地诠释了巴洛克的艺术风格，即豪放、夸张、动感、奢侈等。鲁本斯一生过着王子般的生活，从未为衣食担忧，49岁时虽爱妻过世，但是他又遇见了另一位16岁的少女缪斯。鲁本斯一生醉心于绘画，产量丰厚，被称为“世间大师中的劳工”。

《自画像》
109.5 cm × 85 cm
1638—1640年
奥地利维也纳艺术史博物馆

鲁本斯尤其喜爱画肖像画、神话画与风景画。他笔下的神话人物大多都有着健康壮美的身体，构图动势极大，色彩饱满绚丽。《抢劫留西帕斯的女儿》就是一例。画中描绘了神华英雄卡斯托尔与波吕克丝把留西帕斯的两位女儿从睡梦中抢走，正准备强拉上马的场景。健壮的英雄为了爱情而施以暴力，富有线条感的手臂抱起少女白若凝脂的小腿，深棕与雪白形成强烈对比，凸显英雄的粗犷豪情与少女的青春柔美。马儿前蹄空跃而上，仿佛下一秒少女就被英雄们完全俘获。鲁本斯笔下的少女丰腴秀美，在《美惠三女神》中尤为突出。

鲁本斯也画祭坛画，在完成《上十字架》后继而创作出《下十字架》。画中讲的是耶稣的门徒之一若瑟向比拉多请求耶稣的遗体，比拉多就下令将其交给了若瑟。若瑟用洁白的布将耶稣包好，安放在自己所凿的新墓穴内。基督的尸体处于画面最中心的主体位置，戏剧般的灯光倾泻在耶稣苍白的皮肤上，悲

第 153 页图
《抢劫留西帕斯的女儿》
224cm x 210 cm
1617 年
油画
弗兰德斯慕尼黑老绘画陈列馆

《美惠三女神》
1630—1635 年
220.5cm × 182cm
西班牙普拉多博物馆

《圣德尼教堂加冕》
394 cm × 727 cm
1622—1625 年
巴黎罗浮宫

惨而无力。上方的老者用嘴含着布，拖着耶稣的肩膀，他就是门徒若瑟。鲁本斯采用了卡拉瓦乔式的聚光法来突出主体，同时采用了对角线的构图。画中没有了鲁本斯惯用的动感，而是用缓慢而悲怆的动作表达对耶稣的敬爱和门徒深沉的哀伤。

鲁本斯的《圣德尼教堂加冕》与《所罗门的审判》也表现

了其重视动感，豪华绚烂的绘画风格。这也正是整个巴洛克画派的艺术特点。

《所罗门的审判》
234 cm × 303 cm
1617 年
丹麦哥本哈根国立美术馆

《下十字架》
421cm × 311 cm
1611—1614 年，油画
比利时安特卫普圣母主教堂

第三节 胡塞佩·德·里贝拉

执着的追梦画家

胡塞佩·德·里贝拉，17世纪西班牙艺术的杰出代表，也是那不勒斯地区艺术发展的重要推动者。里贝拉少年时代随父去意大利，长期定居在那里，后来成为那不勒斯总督的宫廷画师，画了许多宗教题材的作品。里贝拉的画风主要受到卡拉瓦乔和卡拉奇的影响。里贝拉的主要作品有《圣巴多罗缪殉教》《圣伊涅萨》《跛足少年》等。他因为身材矮小而被意大利人称为“小西班牙人”。1616年里贝拉前往那不勒斯，并在之后进入那不勒斯宫廷担任画师。

胡塞佩·德·里贝拉出生在西班牙的巴伦西亚市，他的父亲是一位鞋匠。按照他父母的意愿，是让里贝拉学习文化知识，之后成为一位有学识的人物，受到大家的尊重和敬仰。但是，里贝拉完全不愿意这样。反对了父母的意见之后，他决定选择自己所喜爱的绘画艺术。根据一些相关资料的介绍，里贝拉最早是跟随著名画家弗朗西斯科·里瓦尔塔学习的。这一点，虽然受到了很多学者的质疑，但这是从里贝拉的作品风格中能看出来的。怀着对艺术的热爱，里贝拉憧憬着去意大利这样的文化艺术之都学习，他克服了很多的困难，终是踏上了去往意大利的道路。在那里，里贝拉受到了很大的影响，创作风格上有了明显的改变。这和里贝拉从事的壁画的修饰工作是有很多关联的。

里贝拉的作品多描绘一些现实生活中的悲惨情节和恐怖场景，他善用大面积的深色来烘托气氛，其早期作品深沉阴暗、对比强烈。17世纪30年代之后则改为在画面中利用金黄色来强调光线，画面冲撞感与愤怒感减弱，但故事性更强也更耐人寻味，作品的吸引力也随之加强。由于里贝拉对现实题材的关注以及画风的原因，人们多认为他受到了卡拉瓦乔很大的影响。

第160、161页图
《雅各的梦想》
179cm×233cm
1639年
西班牙马德里普拉多博物馆

《雅各和拉班的羊群》
1638 年
英国国家美术馆

里贝拉的作品总是能令观者动容，想必是因为里贝拉将自己的执着坚定融入了作品之中。

第四节 乔治· 德·拉图尔

神秘的烛光画师

乔治·德·拉图尔，法国巴洛克艺术家，擅长创作宗教题材的作品，其作品色彩分明，对比度大。在拉图尔的作品中，烛光是经常出现的。因为在黑暗的衬托下，明亮的烛光下的物体才会显得清晰明见。

拉图尔出生于法国梅茨的一个小镇，父亲是一位普通的面包师。

在拉图尔的作品中，生动的人物表情是其主要特点之一，特别是双眼斜视，使画面显得幽默诙谐又独具神秘气息。这在《弹四弦琴的人》《算命者》《音乐家的争吵》中尤为明显。

但最著名的特点，当选拉图尔对烛光的利用。《忏悔的抹大拉》为拉图尔表现烛光的代表作。抹大拉是《圣经》中仅次于圣母玛利亚重要的女性，也被称为“抹大拉的玛利亚”。她原来是一个妓女，过着放荡淫逸生活，但是在耶稣基督的感召下，她尽弃前嫌，改恶从善，成为基督忠实的门徒。她陪着圣母一起看着耶稣被钉上十字架，然后又在三天后目睹了基督的复活，成为神迹的见证者之一。画中的抹大拉被拉图尔描绘得十分朴素，放荡奢淫已丝毫不见。画面几乎被黑暗笼罩，只有桌上的蜡烛形成微弱的光源，散发出暖暖的橘黄色灯光。大面积的黑暗处令人产生无限遐想，同时也赋予了画面神秘的宁静感。在《婴儿》和《作弊者》中也体现了这一特点。

拉图尔喜爱绘制烛光下的人物，而他的画作就犹如他本人一样神秘含蓄。就像是黑暗中的一盏烛光，观者所窥见的只不过是被照亮的小部分，而拉图尔最为神秘的地方，正是烛光里那神秘的黑暗。

《算命者》
123.5cm × 102cm
1632—1635 年
布面油画
纽约大都会博物馆

《音乐家的争吵》
1625—1630 年
保罗盖蒂博物馆

《忏悔的抹大拉》
64cm × 48cm
1635 年
布面油画
法国巴黎罗浮宫

《弹四弦琴的人 》
162cm × 105cm
1631—1636 年
法国南特美术馆

《婴儿》
91cm × 76cm
布面油画
法国巴黎罗浮宫

第五节 乔登斯

夸张幽默的风俗画家

雅各布·乔登斯，17 世纪尼德兰地区著名的画家和设计师，与鲁本斯，凡·戴克并称“弗兰德斯巴洛克艺术三杰”。乔登斯早期曾前往意大利学习艺术，所以画风受到一定宫廷风格的影响，色彩多样，形态富有运动感。

乔登斯出生于安特卫普的一个富裕家庭，幼时跟随当地的画家学习。后来前往意大利深造，研习文艺复兴时期的古典艺术，临摹了大量的大师作品，其中包括提香、卡拉瓦乔等。所以乔登斯的画风多样，但是也有着自己独特之处。

《豆王的节日》或称《豆王的宴饮》，又名《国王之宴》，乔登斯创作于 1638 年。佛兰德斯有个节日，叫“豆王节”，那是每年的 1 月 6 日，相传是耶稣显灵的日子，民间风俗家家都要烧豆子 、制果子，邀请亲朋好友大办庆宴。因为豆子是庆祝宴会上的主餐 ，是“王”，故称豆王。这幅画表现的是一个纵酒的欢宴场面。在餐桌的周围正聚集着一群男女老少，手执酒杯，纵情狂欢。中间坐着的那个老人，头上戴着“桂冠”，正扮成“ 豆王”，接受大家的祝颂。画中这位老人的形象，虽然体态臃肿，但和蔼可亲，他已微带醉意，却贪婪地喝着酒，左手还紧紧地拿着一把精致漂亮的酒壶。四周是带有醉意的男人和女人在欢笑喧闹，可以看出他们是辛勤的劳动者，正祈望借节日的欢乐，以酣饮来忘却生活的痛苦和烦恼，画面充分表现了节日的狂欢场面。全画用色浓厚稠密，笔法流畅，那土褐色的主调，成为北欧农民特定色彩的象征，保持了乔登斯独特的艺术特点。《祭谷物，收货的女神》也是其著名的风俗画。

乔登斯的宗教画也极为出名，如《丰饶寓言》《轮渡船去安特卫普》等都是其代表作。

第 172、173 页图
《豆王》
300cm × 242cm
1655 年
维也纳艺术历史博物馆

第 174、175 页图
《丰饶寓言》
180cm × 241cm
1623 年
比利时皇家美术馆

NIL·SIMILIVS·IN SANO
QVAM · EBRIVS

《丰饶寓言》局部

《祭谷神，收获的女神》
112cm × 165cm
1618—1620 年
西班牙马德里普拉多美术馆

《轮渡船去安特卫普》
279.5 cm × 467 cm
1623 年
丹麦国家美术馆

第六节 普桑

古典崇高的法兰西绘画之父

法国画家尼古拉斯·普桑是古典主义的代表画家，作为17世纪古典主义的奠基人之一，他在法国画坛拥有至高无上的地位。普桑的作品大多为神话、历史题材，画风和谐宁静、质朴明朗，他笔下的人物形象崇高与庄严，富有古希腊式雕塑的形式美。

普桑出生于法国诺曼底，父亲是一位普通的退役军人，经营一块小土地，家庭并不富裕。他的父亲盼子成龙，想让普桑成为律师，但普桑迷上了绘画。普桑极为喜爱古罗马艺术与拉斐尔的绘画，所以在他作品中总透露出一种古典崇高的意味。他的绘画也继承了巴洛克和提香的色彩特色，颜色鲜明。

普桑在1631年受到提香《酒神节》的影响，创作了《塑像前的酒神节》，相同的题材普桑用自己的想象力重新构筑了一个梦幻理想的场景。画中的人物动态丰富，男男女女或手舞足蹈或相互嬉戏，画中像是充满欢声笑语般，感染着画外的观者，传达出酒神节日的欢乐。其中画面有三条线索：第一条线索是由倾斜的树木与右下角的女神形成，第二条由垂直的树木与直立的塑像形成，第三条则是由水平方向的人物与后景的风景形成。三条线索使画面整体空间层次丰富，又不显得杂乱无序。

1642年普桑回到了罗马，创作了一些与神话有关的风景画。其中之一即是《被蛇咬死的男人》。在画中普桑并未强调人物，而是重在描绘风景，画中的男子发现了被蛇咬死的人后立即转身奔向他的同伴，人物脸上的惊恐也为画面蒙上了一层不安的色彩。画中的风景色彩沉稳，烘托出浓郁古朴的氛围，这也正是古典绘画的典型风格。

普桑的作品宁静、肃穆、理性，虽几乎见不到洋溢着激情的作品，但普桑的画却暗含一种深层次的哲理意味。

《塑像前的酒神节》
99.7 cm × 142.9 cm
1633 年
油彩、画布
英国国家美术馆

《被蛇咬死的男人》
198.6cm × 119.4 cm
1648 年
布面油画
英国国家美术馆

第七节 弗朗西斯科·德·苏巴朗

安定随和的隐士画家

弗朗西斯科·德·苏巴朗，西班牙画家，生于1598年11月7日，卒于1664年8月27日，是西班牙画坛中不可或缺的代表画家。他一生都过着隐士一样的生活，为各地的修道院和教堂作画，其作品多描写圣经和宗教题材。同时苏巴朗还是一位出色的静物画家。苏巴朗的主要作品有《圣布鲁诺的奇迹》《圣合雷平》和《墓中的圣弗朗西斯科》。

弗朗西斯科·德·苏巴朗出生在西班牙的埃斯特雷马杜拉市，他的父母经营一个小店。但是，尽管如此，家中也不算富裕，只能说是中等家庭。苏巴朗从小就表现出了异于常人的对艺术的喜欢，他经常一个人的时候，拿着木炭模仿其他画家的一些作品。因此，他的父亲明白了他的兴趣爱好之后，决定将他送到塞维利亚去跟着专业的画家学习绘画的技巧。在学成之后，苏巴朗在那里组建了自己的家庭，并有了自己的孩子。后来，他得到了国王的赏识，被邀请去皇室为菲利普四世绘制画像。当时还发生了一件很有趣的事，在一次绘画的过程中，国王将手放在了苏巴朗的肩膀上，并对他说："画家中的'国王'，在为国王画像"。从这点可以看出苏巴朗当时的成就以及辉煌。他的作品是受到大家认可的。

苏巴郎的作品题材多为宗教画，他擅长描绘僧侣、修女、殉道者以及静物，并因此而闻名于世，这点和他本人的宗教信仰及当时的社会背景是分不开的。如作品《加的斯的防守》《 圣玛格丽特》《圣布鲁诺的奇迹》《圣合雷平》和《墓中的圣弗朗西斯科》等。

由于苏巴郎对于明暗对照法的出色运用而被称为西班牙的卡拉瓦乔。除了绘画，他还是个雕塑大师，其技巧在当时的塞尔维亚可谓是登峰造极，将同时代的艺术家都远远地甩在了身后，成为当时年轻艺术家们追逐学习的对象。

《圣玛格丽特》
163cm × 105cm
1630—1634 年
英国国家美术馆

《加的斯攻击》
302cm × 323cm
约 1634 年
西班牙马德里普拉多博物馆

第八节 凡·戴克

谨慎而灵活的肖像大师

凡·戴克是弗兰德斯有名的肖像画家，早年师从当地的老画家学画，19 岁就取得了画师称号，后来为鲁本斯当助手。他的画风与鲁本斯的极为相像，所以在后期与鲁本斯合作的大量作品中，只署名了鲁本斯的名字，大众也难以发现。

《凡·戴克自画像》

凡·戴克的父亲是一位富有的商人，而母亲的亲戚中有与安特卫普画家结姻亲的，所以凡·戴克从小就接受了艺术的熏陶。鲁本斯对他的风格形成有很大的影响，特别是在色彩和构图方面，但他在绘画技法上将谨慎与灵活相结合，既学习了鲁本斯的色彩优点，又保留了自己的特色。虽然凡·戴克是学习神话与宗教，但他的主要成就是肖像画。

在绘画技巧上凡·戴克既谨慎小心又懂得灵活变通，比如在他的自画像中，凡·戴克将自己的眼睛描绘的十分细腻，还有脸上皮肤的质感。但在服饰的处理上，凡·戴克就显得较为灵活随意，这样的对比也更能突出他着重表现的对象——人物的神态。

但凡·戴克最为著名的还是为查理一世所绘制的肖像画。查理一世是斯图亚特王朝詹姆斯一世的第二个儿子，作为一位有九个孩子的父亲，可能比做国王更为成功。因为在1643年经历了大量的政治变化后，查理一世被人民送上了断头台。在查理一世生前，凡·戴克为其创作了大量的肖像画，比如在《查理一世骑马像》中，后方的地平线被拉得很低，也正烘托出查理一世的伟岸气质与高大形象。查理一世姿势庄严肃穆，既表现了国王的权威，又体现了他骁勇善战的特点，于威严中又凸显了查理一世的睿智与儒雅。

凡·戴克一生画了大量的肖像画，当我们在不同肖像画中窥晓出不同对象的性格特征时，也表明了他对于人内心世界的捕捉有多准确和深刻。

《查理一世骑马像》
367cm × 292.1cm
1637—1638 年
英国国家美术馆

第九节 委拉斯贵支

热爱现实主义的宫廷画师

作为文艺复兴后期西班牙最伟大的画家之一，委拉斯贵支虽是一位杰出称职的宫廷画家，但他从习画初期就对卡拉瓦乔的现实主义艺术着迷，所以委拉斯贵支不仅擅长绘制国王喜爱的宫廷画，也极为擅长现实主义的题材。既能表现出上层阶级的高贵华丽，也能表达底层人民的真实朴素。

《小丑》
106cm × 81cm
1645 年
西班牙普拉多美术馆

第 192、193 页图
《宫娥》
318cm × 276cm
1656 年
西班牙普拉多美术馆

第 194、195 页图
《镜前的维纳斯》
122.5cm × 177cm
1647—1651 年
油画
英国伦敦国家画廊

《煎蛋的妇人》
100.5cm × 119.5cm
1618 年
油画
英国爱丁堡苏格兰国家画廊

委拉斯贵支在 19 岁时就已经是一名闻名的画家了，后来因为为腓力四世绘制肖像，深得其心，从此成为国王的专属画家。腓力四世还将画家的地位提高到与宫廷小丑一样的级别。其中《宫娥》无疑是委拉斯贵支的代表作之一。《宫娥》这幅作品完成于 1656 年，现存于普拉多美术馆，画面中层次和光的运用达到了委拉斯贵支的顶峰。画面中自然光从右面的窗户射入，由左上方延长到右下方，将画面划成两个三角形，强光打到了人物身上，特别是小公主马格利特的身上，缎面的裙子显现出象牙般的白色，与后方的深色空间对比，使得空间体积更加明显。小公主两侧的女仆一人俯身倾耳对小公主说着什么，一人斜视着我们观者所在的位置，当我们欣赏到这位斜视的女仆时，视线自然落到了后方的位置，窗户射入的光线一层层突出了人物主体，而更加突出的位置是后方光线明亮的门，这种构图与光线的处理方式使空间变得更加深远，画面更具有可读性。作者巧妙地使两种光源出现在同一画面中，有机地统一在一个整体当中。在空间的表达上，从后方的镜子可以看出画家正在画的是国王和王后，淘气的小公主突然闯入，侍女在耐心劝导。我们的位置是画家描绘物象的位置，这是一位画家的思考，一位伟大画家考虑到观赏者角度和思想的思考。同时，公主和小丑的肖像画也是委拉斯贵支常画的题材，比如《小丑》《穿白色连衣裙的玛格丽特公主》《穿蓝色连衣裙的特蕾莎公主》等。

除去宫廷画，委拉斯贵支也画一些神话题材，比如《镜前的维纳斯》，还有画家喜爱的现实主义题材绘画。在《煎蛋的妇人》中，右侧的朴素农妇占据了画面的主要部分，暖黄色的灯光照向画中的人物，有着卡拉瓦乔式的戏剧感与现实感。画中的农妇望向左侧小孩子，像是述说着什么，所有的细节都那么朴实无华，让人感受到现实生活中的亲切温暖。《三个音乐家》也是画家所作的现实主义绘画之一。

即便是高贵的王室，他们在宫廷中也有与普通人民一样的

《三个音乐家》
88 cm × 111 cm
1616 年
油画
德国柏林国立博物馆绘画陈列室

《宫娥》
318 cm × 276 cm
1656 年
油彩、画布
西班牙马德里普拉多美术馆

现实生活。生活是美的，而生活的美是需要被发现的，委拉斯贵支就是这样一位热爱生活的画家。

第十节 伦勃朗

聚光灯下的光影巨匠

伦勃朗是 17 世纪荷兰最伟大的画家之一，以善用戏剧性的光束著名。伦勃朗早期学画受到了卡拉瓦乔的影响，作画一贯采用“光暗”处理手法，用黑褐色作背景，来突出受光照的主体。伦勃朗的作品题材广泛，擅长风俗画、肖像画、风景画、宗教画、历史画等，在肖像画方面尤为突出。

《自画像》，1659 年

第 200、201 页图
《夜巡》
363cm × 437cm
1642 年
荷兰阿姆斯特丹国立美术馆

伦勃朗生于荷兰莱顿的一个磨坊主家庭，母亲是面包师的女儿。伦勃朗少年得志，在 14 岁时就进入了莱顿大学，17 岁向当时著名的历史画家学画，17 世纪 70 年代就成为阿姆斯特丹的重要肖像画家。在伦勃朗的众多肖像画中，他也画了不少的自画像。

伦勃朗的成名源于他早期的一张肖像画——《尼古拉斯·杜尔博士的解剖课》。描绘的是当时阿姆斯特丹最负盛名的外科医生杜尔博士。不同于当时群像画那样简单罗列式安排，伦勃朗加入了一定的情节，主要人物杜尔博士站在画面右侧，正耐心地讲解着，其他人聆听着。左边的光束照在杜尔博士与尸体身上，使重要情节十分突出，极具戏剧性。

纵观伦勃朗的艺术人生，以他 1642 年所创作的传世经典《夜巡》为分水岭来划分是最为恰当的。伦勃朗从小城莱顿来到阿姆斯特丹发展，并一举成为当时全城热捧的名画家，他在创作《夜巡》前可谓风光无限。饱受争议的《夜巡》所导致他的订单寥寥、夫人莎斯姬娅的去世和最终破产的生活窘境，仍

《尼古拉斯·杜尔博士的解剖学课》
169.5cm × 216.5cm
1632 年
荷兰海牙毛里茨海斯美术馆

第 203 页图
《尼古拉斯·杜尔博士的解剖学课》局部

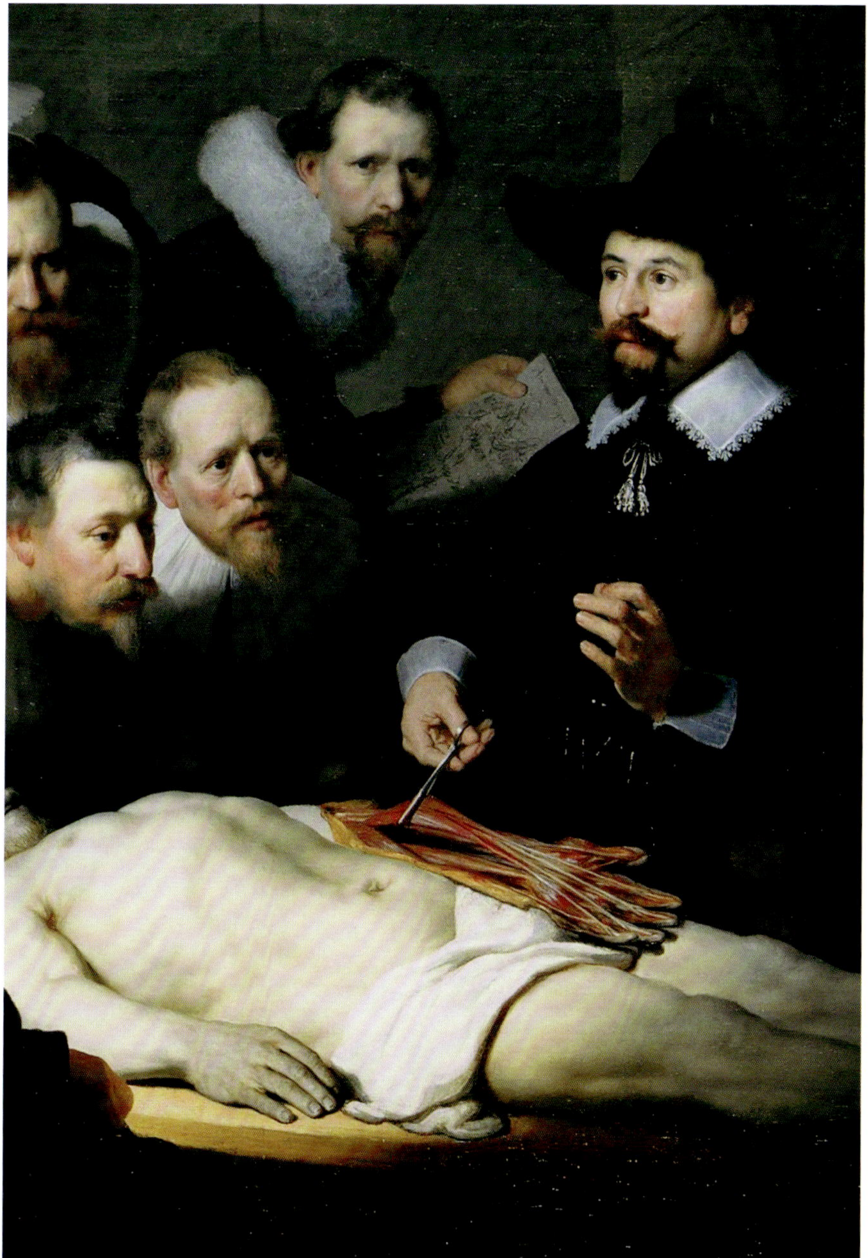

《自画像 1》

不能动摇伦勃朗忠于自我风格且并不刻意迎合市场好恶的决心。伦勃朗之所以在西方艺术史上有着如此举足轻重的地位，正源于他在完成《夜巡》后从巅峰走向潦倒仍坚持自我艺术风格的魄力和胆识。《夜巡》前的伦勃朗注重描绘华丽美，而《夜巡》后的他则专注于不加粉饰的写实和深邃的情感刻画。这个画风趋势的转变从 1640 年的《白帽妇女像习作》便可初寻蛛丝马迹，并从两幅 1645 年的习作《老人像（可能为拉比）》和《女孩头像》得到充分证实。1656 年，在伦勃朗完成他的传世之作《夜巡》14 年之后，一代大师宣告破产。伦勃朗的一生跌宕起伏，少年得志后继而名声大振，但他在艺术追求上始终坚持自我，这种执着的追求虽导致了他悲惨的后半生，但是他的成就也让他在艺术史上留下了重重的一笔。

第十一节 牟利罗

朴实感性的通俗画家

牟利罗是与委拉斯贵支同时期的巴洛克西班牙画家，但不同于委拉斯贵支，牟利罗生活贫困潦倒，少年时期就成为孤儿，一边学习绘画一边还要抚养年幼的弟妹。所以牟利罗有很多描绘底层人民生活的作品，因为这些是他经历过并且十分关心的。同时，宗教画也是牟利罗的代表题材之一。

牟利罗笔下的圣母柔美纤弱，常常令人联想到现实生活中

《自画像》
122 cm × 107 cm
1670—1673 年
油彩、画布
英国伦敦国家画廊

的普通妇女，令观者动容。如《圣灵感孕》和《圣母授予圣埃迪方索》，圣母用哀怜的眼神望向自己的孩子，不让其受任何伤害，小耶稣稚嫩的双手握住圣母的衣襟，将母与子的浓情表现得淋漓尽致，亲切感人。他的传记作者保罗米诺就说过：“牟利罗的圣母温柔、迷人而令人陶醉。”

牟利罗自幼生活在底层，对普通劳动人民极为熟悉，画了大量的世俗题材绘画来表达自己对现实生活的关心与劳动人民的同情。在《圣家庭》中，牟利罗描绘了一家三口其乐融融的场景，母亲一边纺织，一边注视着与小狗嬉戏玩耍的孩子，父亲则用双手护着孩子，陪伴着孩子嬉闹。孩子的浅色衣服与父亲的深棕色服饰形成对比，使画面中心的孩子更为突出，画面前方的白色小狗与孩子形成呼应，互动感极强。

没有真实经历的画家是无法画出普通家庭的“小确幸”的。牟利罗感性，敏感于生活中的细腻情感；他朴实，热爱现实生活，并乐此不疲地表达底层人民的生活形态与乐趣。他是一位真实的画家。

《圣家庭》
144 cm× 165 cm
1650 年
西班牙马德里普拉多美术馆

《圣母授予圣埃迪方索》
309 cm× 259 cm
1655 年
西班牙马德里普拉多美术馆

《牧羊人的崇拜》
187 cm× 228 cm
1650 年
西班牙马德里普拉多美术馆

第 210 页图
《圣灵感孕》
274 cm×190 cm
1678 年
西班牙马德里普拉多美术馆

第十二节 维米尔

追求宁静的精致美学家

维米尔是荷兰著名的风俗画家，被称作是“荷兰小画派”的代表画家，与荷兰黄金时代的伦勃朗、哈尔斯并称为荷兰三大画家。但维米尔在当时并未享誉于荷兰，而是被遗忘了长达两个世纪。维米尔极为擅长风俗画，常取材于生活中的普通场景，用明朗的光线色彩来表现荷兰市民生活的宁静舒适。

在维米尔众多的风俗画中，大多都有一个共同点：主体人

《天文学家》
51.5 cm × 45.5 cm
1668 年
油彩、画布
巴黎罗浮宫

《倒牛奶的女仆》
45.5 cm × 41 cm
1658 年
油彩、画布
荷兰阿姆斯特丹国立博物馆

物在室内劳作或学习，左侧有一扇窗，所以人物受光部分都为左侧。其中以女性为主体形象的居多，男性人物屈指可数，《地理学家》就为其中之一。维米尔不仅善用左侧光，还喜用黄色与蓝色，当时蓝色取自于昂贵的青金石，所以后来有人说维米尔晚年破产，与他喜用蓝色有关。在《倒牛奶的女仆》中，女仆的围裙与桌上的衬布都用了大量的蓝色，使画面显得静谧和谐。女仆上衣活泼的柠檬黄又与内敛的蓝色形成对比，营造出活跃生动的气氛。女仆熟练的倒牛奶的动作又表达了维米尔对劳动女性的赞美，也从侧面表现了荷兰人民生活的安逸。

在作品《窗前读信的少女》（两幅）中，画家描绘了站在窗前安静看信的女子，左侧的阳光洋洋洒洒，倾斜在女子身上，使画面显得祥和宁静，仿佛观者也身处其中，不敢大声作响。室内环境简朴沉稳，衬托画中女子的庄重大方。

谈到维米尔，《戴珍珠耳环的少女》是绝不能忽略的。画中的女子身着黄棕色外衣，佩戴黄、蓝色头巾，不经意回首，望向画外的观者，欲言又止，撩拨着观者的心。黑色背景为少女气质增添了神秘感，使其显得含蓄惆怅。少女的明眸又与左耳象征着贞洁的珍珠耳环相呼应，像是眼泪般晶莹动人。荷兰一位著名评论家就将其比为“北方的蒙娜丽莎”。

维米尔的一生平淡安详，除了晚年的经济困难外没有什么大的起伏，维米尔也将这种平淡安详的生活气息呈现在自己的作品中。在普通生活场景中捕捉着微妙的生活情趣，也表现了一种维米尔式的精致美学。

《窗前读信的少女》
83 cm× 64.5 cm
1657 年
油彩、画布
德国德勒斯登艺术博物馆

《读信的蓝衣少妇》
46.5 cm× 39 cm
1662 —1663 年
油彩、画布
荷兰阿姆斯特丹国立博物馆

《戴珍珠耳环的少女》
44.5cm × 39 cm
1665 年
油画
现藏于海牙莫瑞泰斯皇家美术馆

第三章

洛可可艺术

第一节 华托

欢乐而忧郁的双面画师

作为18世纪洛可可艺术的重要代表人物，华托并非贵族出身，他的父亲只是一位以烧砖为生的工匠。最初华托前往巴黎在画廊里当学徒，为雇主临摹一些古典作品，后来在舞台美术家的工作室里当助手，绘制了大量关于演员的作品，其中以小丑为主。

华托在舞台美术家的工作室当助手时，迷恋上了舞台戏剧。在他26岁时从喜剧《三姐妹》中获得灵感绘制了《舟发西苔岛》的草图，七年后经过修改完成了《西苔岛的巡礼》。西苔岛是希腊神话中爱神与诗神享乐的小岛，画中描绘了一群贵族男女满怀激情地去寻找无忧无虑的梦幻小岛。前景的写实人物与后景抽象夸张的景物形成对比，烘托出活跃的氛围，用充满诱惑的颜色激发人们对于享乐欲望的追求。

《热尔桑的画店》是华托为恩人所创作的赠礼。当时华托在巴黎走投无路，结识了画商西鲁瓦，在西鲁瓦的帮助下华托脱离露宿街头的窘况，得以继续从事绘画。该画不仅仅描绘了画室场景，还隐喻了当时的时代追求与特点。在画面左侧我们可以看见画工正在将作品装箱，如果仔细观察，会发现这件作品正是路易十四的肖像，暗示着路易十四的时代已经过去。在画面右侧可以看到两位头戴假发的男性正饶有兴味的欣赏着画中的裸女，从侧面反映出当时贵族的审美追求。所以有人将这张作品比为当时法国社会的缩影。

如果说华托画中富有动态和激情的色彩与笔触表现了他欢乐的心境，那么小丑题材的作品就显现了华托的另外一面——忧郁。画中描绘的是哑剧丑角吉尔斯，是一个被放逐并且被嘲笑的替罪羊形象。画中的小丑虽身处于众人之间，并且占据着主体，但从他无奈虚假的笑容和僵硬死板的姿态中就可以体会

到他的孤独、忧郁和无助。所以华托并不是一位简单的洛可可画家，他的内心世界是极为丰富和复杂的。

华托的一生极为短暂，年仅37岁因肺病复发在自己的画室里逝去。但他留下的大量作品对后来的画派，特别是印象派产生了深远影响。

《意大利喜剧演员》
63.8 cm×76.2 cm
1720年
美国华盛顿区国家画廊

第220、221页图
《西苔岛的巡礼》
129cm×194cm
1717年
布面油画
巴黎罗浮宫

《热尔桑的画店》
163cm × 308cm
1720 年
布面油画
德国柏林国家美术馆

《热尔桑的画店》局部

第二节 卡纳莱托

现实与梦境的奇异交织

卡纳莱托，意大利著名风景画家，尤为擅长描绘威尼斯的风景，其作品生动形象。在卡纳莱托的作品中，观者总能感受到现实与梦境的双重交织。他将建筑细节与明亮写实的色彩结为一体，令人感觉其近在眼前又很遥远。这就是卡纳莱托的作品极为吸引观者的原因之一。

卡纳莱托出生于威尼斯，自幼跟随父亲习画，先在威尼斯和罗马画舞台场景，后来才转向风景画方向。卡纳莱托的风景画作品众多，但故乡威尼斯始终是其最不能忘怀的地方，大量的风景画都是为故乡而作，如《威尼斯，大运河的上游》《威尼斯公爵宫》等。

卡纳莱托的风景画十分逼真，以至于如今的气象学家可以根据其作品研究气候。也有资料显示，卡纳莱托在 18 世纪 30 年代至 40 年代时曾使用针孔照相机原理，将拍摄后的风景投射在幕布上，在投影到幕布上的画面上创作。这样的风景形状、颜色精致细微。这种方法与荷兰小画派大师维米尔作画方法极为相似。

但不管艺术家如何创作，其作品所表达的情感总是独一无二和令观者深刻动容的。

《威尼斯，大运河的上游》
124.5 cm × 204.6 cm
1740 年
英国伦敦国家画廊

《威尼斯公爵宫》
182 cm× 259 cm
1728—1729 年
俄罗斯莫斯科普希金美术馆

第三节 威廉·荷加斯

聪颖的讽刺画家

威廉·荷加斯，英国著名画家、欧洲连环漫画先驱者，同时也是英国第一位本民族的风俗画家。他决心打破英国单一的肖像画局面，创造一种能反映当代生活，引起本国人共鸣的新型绘画。他深知英国清教徒十分重视艺术的教化作用，注重人的道德完善，便用油画和版画形式，根据他所熟悉和了解的英国当代生活，创作了大批通俗易懂、给予人们启迪和训诫的绘画作品，受到人们的普遍欢迎，从而确立了英国艺术的民族自尊心。

荷加斯早期创作了一系列的讽刺画作品，对当时的社会事件或行为进行了评论及讽刺，在他之前英国并没有正统的讽刺喜剧画。1731 年荷加斯的一套道德系列作品被制作成版画出版问世，在那个艺术品日益商业化的社会，人们看到了他的才华，争相购买他的作品，他得到了社会的广泛认可。他于 1733 年开始绘制这系列的续集，在继续掀起热卖潮流后引发了大规模的盗版行为，由此促成了英国第一部有关视觉作品的版权法的问世。荷加斯的讽刺画风格在后来被称为“荷加斯风格”，可见他的始祖地位。荷加斯同样擅长肖像画和历史画，他的肖像画取得了很大的成功，但是他倾注心血的历史画并未引起太多的关注。

威廉·荷加斯的绘画偏重于教化作用，强调作品的内容，每幅画都像一出哑剧，充满了情节和故事。这同我们前面谈到的法国印象派的传统性追求相反，印象派重形式、轻内容，荷加斯则把主要精力放在内容上，就像宗教故事画一样偏重于说教。这种艺术上的不同追求，当然与他们各自所处的时代和环境的差异相关。威廉·荷加斯的主要作品有油画《伯爵夫人的上午接见》《格雷厄姆的孩子》，油画组画《文明结婚》（1745 年），铜版组画《浪子生涯》（1733 年）和《妓女生涯》（1731 年）等。

《伯爵夫人的上午接见》局部

威廉·荷加斯在理论上也颇有建树，他写了一本艺术理论著作《美的分析》，提出了最美的线是波状线的看法，并阐述了他对美的认识和自己的艺术观。

《伯爵夫人的上午接见》
70.5cm × 90.8cm
1743 年
英国国家美术馆

《格雷厄姆的孩子》
160.5 cm × 181 cm
1742 年
英国国家美术馆

第四节 布歇

浪漫华丽的的洛可可宠儿

到了巴洛克后期，洛可可艺术走向巅峰。布歇作为将洛可可艺术发挥到极致的第一人，他的绘画风格也代表了整个洛可可时期的艺术风格，即奢侈、繁复、华贵，还有堕落。他同时代的启蒙思想家、文艺批评家狄德罗曾评价道："布歇作品中的趣味、色彩、构图、人物性格、表现力和线描的堕落紧紧伴随着他人品的堕落。"但也有评论家说："优雅的性感就是他的缪斯，它渗透了布歇的一切作品。"

布歇的成功离不开一个女人，那就是当时作为路易王朝第一美人的蓬皮杜夫人。在当时的路易王朝，贵妇人的沙龙汇聚了有名的学者、诗人、政客、音乐家和画家等，也正是在那里，布歇结识了改变他一生的蓬皮杜夫人。布歇为蓬皮杜夫人画了大量的肖像画，画中的蓬皮杜夫人妆容极其奢靡华贵，颜色绚丽丰富，花饰繁复瑰丽，体现了上层阶级的富足与享乐，也正满足了蓬皮杜夫人的虚荣心。

《沐浴后的月神狄安娜》也是布歇的代表作之一。狄安娜，即希腊神话中的阿尔忒弥斯，是月神和狩猎女神。在雕塑中，狄安娜常常被雕刻成一个类似男孩的健美少女，而在布歇笔下，狄安娜变成了宫廷贵妇般的形象，纤细白嫩的肌肤，雍容华贵的姿态，手中还拿着珍贵的珍珠项链，极为符合当时的贵夫人形象，深得上层阶级的喜爱和赞赏。

在布歇的其他画作，例如《海克力斯与欧菲儿》《梳妆打扮的维纳斯》中，也都具有布歇式的洛可可风格，于华美瑰丽的色彩与装饰中表现王宫贵族的极乐世界。布歇的作品装饰性极强，但它们不仅是上层阶级的享乐产物，也代表了那个时代的奢靡与堕落。

第 237 页图
《蓬皮杜夫人肖像》
212cm × 164cm
1756 年
德国老绘画陈列馆

《梳妆台前的蓬皮杜夫人》
81cm × 63 cm
1758 年
美国麻州哈佛大学美术馆

《海克力斯与欧菲儿》
90cm × 74 cm
1731—1734 年
俄罗斯普希金博物馆

Boucher

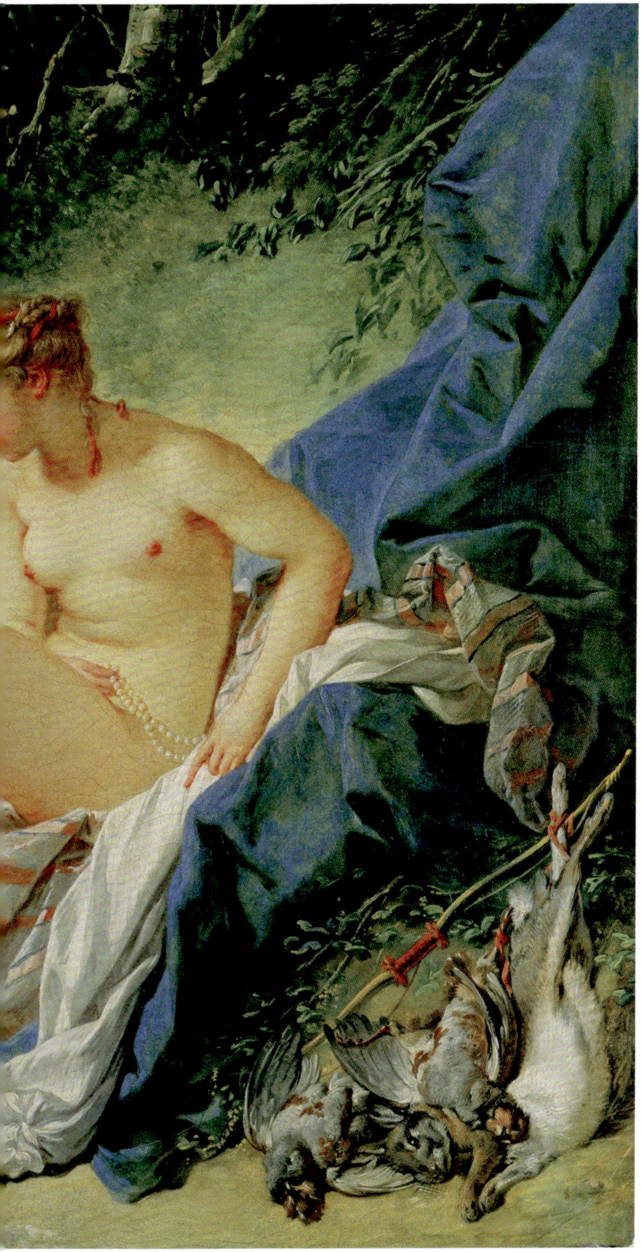

《沐浴后的月神狄安娜》
56cm × 73 cm
1742 年
巴黎罗浮宫

《梳妆打扮的维纳斯》
108.3cm × 85.1cm
1751 年
纽约大都会博物馆

第五节 庚斯博罗

轻灵隽永的“节奏”大师

庚斯博罗是18世纪英国著名的风景画家和肖像画家，出生在一个羊毛商家庭，早期跟随母亲学画，后来为法国画家格霍夫洛特做助手，随后进入了皇家艺术学院。他笔下的人物、风景变化丰富，形态各样，富有动态美与节奏美，这与他从小喜爱音乐息息相关。庚斯博罗的母亲是一位静物画家，所以他从小对艺术耳濡目染，受到了良好的艺术熏陶，他的作品也透露出一种隽永的飘逸感与灵动感。

庚斯博罗的风景画总给人一种烟雾蒙蒙之感，远处的风景若隐若现，既突出了前后空间关系又使画面有一种朦胧模糊的神秘感。前景中的人与动物安静平和，享受着大自然赐予的宁静与安稳。树枝被风吹得摇曳，于静谧中孕育了几丝节奏动感。画面动静结合，生动亲切，就如约翰·康斯特勃所说：“看着他的画，眼睛仿佛噙着泪水，却不知为何。”

除了风景画，肖像画也是庚斯博罗的拿手题材之一。肖像画多取材于贵族阶级，且全身肖像居多，同时庚斯博罗将人物与风景结合，使画面情景交融，用流动萧索的风景来凸显上层阶级庄重雅致的古典气质。

微微泛黄的复古色调使庚斯博罗的画总给人一种“滤镜”的感觉，再加上流动变化的风景，不拘泥形式的人物，渐渐形成了英国式的洛可可肖像画。

《理查夫人》
220 cm × 154 cm
1785—1787 年
油彩、画布
美国华盛顿区国家画廊

《约翰夫妇和他们的女儿》
90.2 cm× 90.2 cm
1754 年
美国康州新约哈芬耶鲁英国艺术中心

《安德鲁斯夫妇》
70 cm × 119 cm
1750 年
英国伦敦国家画廊

《约翰普拉宾》
50.2 cm × 60.3 cm
1752 年
油彩、画布
英国伦敦国家画廊

第六节 乔舒亚·雷诺兹

崇尚宏伟的皇家美院首任院长

乔舒亚·雷诺兹，英国伟大的学院派肖像画家，18 世纪欧洲最重要的画家之一。乔舒亚·雷诺兹自幼喜欢绘画，1744 年进入圣马丁的莱恩学院，两年后画了他的第一幅重要作品《约翰·汉密尔顿上尉像》。5 年后到了罗马，同时访问了佛罗伦萨、威尼斯，认真地学习了拉斐尔、提香、米开朗琪罗等大师的绘画风格，特别推崇米开朗琪罗的画风。后创建皇家学院并担任了院长，1769 年被封为爵士。

雷诺兹参与创立了英国皇家艺术学院,并担任了第一任院长,被授予了爵士爵位。雷诺兹在托马斯·哈德森的门下学习绘画，并在欧洲大陆的几个国家进行学习游历，之后到伦敦组建画室，迅速取得了事业上的成功。他的创作为伦敦上流社会所喜爱，各路贵族都来找他绘制肖像画。他接受过大量委托,在助手的帮助下,完成得又快又好，这使他与许多富豪名流建立了良好关系。1784 年雷诺兹成为国王的首席画师，但他并不是很满意这份工作，也曾抱怨薪水太少。晚年的雷诺兹左眼失明，不得不停止创作。雷诺兹一生都钟爱非理想化的不完美的创作类型，追求“大风格”，期待自然的效果，而非精雕细琢的产物。

乔舒亚·雷诺兹的作品庄严并具有历史画性质 。他推崇古希腊罗马和文艺复兴意大利的美术，在一系列讲演中宣扬“纯正”的趣味和法则，大力倡导“宏伟风格”。根据古典传统，用庄重风格表现严肃题材是美术的崇高任务，历史画便是实现这一任务的最佳方式，这一直是雷诺兹的梦想。可现实使他无法以历史画谋生，他只得用大部分精力绘制社会需要的肖像画。乔舒亚·雷诺兹的 15 次演讲被认为是宏伟风格的理论基础，许多观点是英国 18 世纪美学原理最典型的体现。

《小赛缪尔》
91.4cm × 71.4cm
1776 年
英国伦敦泰德画廊

乔舒亚·雷诺兹的代表作品有《小赛缪尔》《马尔伯勒公爵一家》，油画《装扮成悲剧女神的西顿夫人像》《晨间漫步》等，分别收藏在伦敦国家画廊、牛津基督教礼拜堂等处，更多的被私人收藏。

第七节 让·奥诺雷·弗拉戈纳尔

善于描绘女性的洛可可画家

让·奥诺雷·弗拉戈纳尔，法国洛可可时代最后一位重要代表画家。弗拉戈纳尔以描绘女性美而成为时代宠儿，是一位为洛可可全盛期揭开序幕的画家。18 岁时他被布歇介绍到了夏尔丹的工作室，在那里学了六个月之后他回到了布歇那里，并很快地学会了布歇的风格和技法，布歇有些作品就由他代笔完成。1752 年他拿到了罗马大奖的奖金，之后他便前往罗马和威尼斯学习了几年时间。弗拉戈纳尔曾在几种风格中摇摆不定，但是洛可可的逐渐失势让他开始转向新古典主义的风格。

弗拉戈纳尔的父亲原来是当地手套商的助手，但在他 6 岁时破产，于是举家搬迁到巴黎居住。15 岁时，弗拉戈纳尔在巴黎的一家律师事务所担任小职员，但他对这份固定的工作并不投入，反而每天花时间画素描。他的雇主实在看不过，于是向他的父母提议，让这孩子接受美术教育。年少的弗拉戈纳尔就这样踏入了绘画的世界，但他的启蒙老师夏尔丹却对当时所流行的洛可可样式不屑一顾，而致力于写实主义，可说是深受荷兰传统室内画影响的朴实画家。他让弗拉戈纳尔负责整理调色板的工作，弗拉戈纳尔只跟随他学 6 个月就离开了。

这位初出茅庐的十六岁画家，抱着一幅素描画去拜访宫廷画家布歇。布歇在当时是以素描轻快、风格优雅为特色的流行画家，亦即典型的洛可可装饰代表画家之一。布歇从那幅素描画中看出了弗拉戈纳尔的绘画天分，此后，弗拉戈纳尔成了布歇最宠爱的弟子，甚至因其忽略了其他门生，并极力地推荐这位从未进过美术学校受教的爱徒参加代表最高荣誉的罗马奖甄试。

1752 年，这位年方 20 岁的正传弟子，终于不负老师期望，

《偷吻》局部

《偷吻》
45cm × 55cm
1780 年
俄罗斯埃尔米塔日博物馆

夺得了罗马奖。可是，这位意大利裔、脾气暴躁而热情浪漫的画家，并不喜欢沙龙严苛又矫情的画风。他认为直接表现人类的热情欲望的绘画，比拘泥形式的历史画有趣多了。弗拉戈纳尔对皇家美术院的批评，毫不在意，将自己的作品推广至女伶、金融业者，甚至在爱好艺术的富豪之家登堂入室。

弗拉戈纳尔的《偷吻》，这被认为是洛可可时代的杰作之一，画面有着极致的华丽和强烈的隐喻。弗拉戈纳尔一生创作了超过550幅的画作，作品大都温柔美丽而轻松，技艺精湛，极富吸引力和装饰效果。

第四章

新古典主义

第一节 雅克·路易·大卫

勇敢正义的革命艺术家

雅克·路易·大卫，法国大革命时期的著名画家，也是新古典主义的奠基人之一。早年跟随于洛可可艺术家布歇学画，后来布歇觉得大卫并不适合，于是将他送到了皇家美院。大卫并不属于那种绘画天才，他沉默寡言，不太合群，让人觉得他过于成熟，没有相应年龄的活力与激情。但是大卫勤奋刻苦，从普桑、卡拉瓦乔和格勒兹那里学到了绘画精髓，最后成为古典主义代表画家。

《拿破仑一世及皇后加冕典礼》是大卫的代表作之一，受拿破仑的委托创作。在创作这幅画前，大卫先是精心安排了人物的位置，然后单独练习了其中的人物形态及姿势。画面的中央是拿破仑及其皇后约瑟芬，两人身着锦衣，佩戴着珍贵的珠宝。这场加冕典礼其实在当时是非常具有戏剧性的，教皇本来想在众人的面前将皇冠戴在拿破仑的头上，但拿破仑却双手接过皇冠，自己戴在了头上。大卫觉得这样绘制会显得拿破仑的野心过于外露，于是安排为拿破仑将皇冠戴在了皇后约瑟芬的头上，使场面更加和平。作为拿破仑的御用画家，大卫还为拿破仑绘制过许多肖像画，比如《拿破仑翻越阿尔卑斯山》，深得拿破仑的喜爱，表现了拿破仑的飒爽英姿与矫健体魄。

马拉是法国大革命时期雅各宾派的主要领导人之一，同时也是当时一个报社的主编之一，以犀利的文笔抨击法国的封建王朝，宣传共和思想。但是马拉身患重度的皮肤病，需要泡在药水池子里才能安心工作。一天，一位反共和思想的女刺客假冒马拉的跟随者之一，接近马拉后将其刺杀在浴池。马拉的朋友大卫听闻伤心不已，用三个月创作了《马拉之死》，来表达对挚友的哀悼与思念，试图用画笔唤起人们的正义感。

大卫身处于一个革命时代，他深知革命的影响，也深深了解

人民的困境。他在《萨宾妇女》中渴望唤起民众的同情，表达对战争的痛恨与厌恶。他用自己的画笔在那个时代进行了艺术上的革命。

《马拉之死》
162cm × 125cm
1793 年
布面油画
比利时皇家美术馆藏

《拿破仑一世及皇后加冕典礼》
610cm×931cm
1808—1822 年，布面油画
巴黎罗浮宫

《拿破仑一世及皇后加冕典礼》局部

《拿破仑翻越阿尔卑斯山》
273 cm × 234 cm
1802 年
凡尔赛宫

《萨宾妇女的调停》
385 cm × 522 cm
1799 年
法国巴黎罗浮宫

第二节 安格尔

“收割”浴女的完美主义者

作为新古典主义的代表人物之一，安格尔的绘画古朴自然，华贵而不庸俗。特别是安格尔笔下的女性，无论是身着盛装还是

《瓦平松浴女》
34 cm × 22.8 cm
1808 年
美国麻州剑桥哈佛大学费哥美术馆

裸体，无不透露出高贵典雅的气质，他将女性的柔美与温婉刻画得仿佛溢于画外，令观者动容。

安格尔出生于法国蒙托邦，自幼明智的父亲就培养他的艺术兴趣，安格尔也极为用功，深刻研究文艺复兴时期的大师作品，尤其推崇拉斐尔，安格尔的画也透露出一些文艺复兴的古朴气息。

安格尔尤为重视骨骼美，不崇尚肌肉感，因为强调肌肉会使画面失去纯真感，变得平庸。所以安格尔笔下的浴女身姿轻柔，体态丰满柔和，其中《瓦平松浴女》被称作是女性背影的典范之作。微微前倾的头望向右侧，双腿自然耷拉在床沿，动势温和却不死板，将女性的线条美刻画得生动自然，虽是裸体，却毫无低俗淫亵之味。

大师眼中的美是不同于普通人的，这也是为什么安格尔会故意将《大宫女》中的女性腰身拉长。但增加三根脊椎骨的大宫女看起来毫不别扭，相反，还更加增添了她的妩媚与吸引力。画中的宫女扭头看向画外的观者，平静却带有一丝挑衅意味，左脸与丰满的胸部渐渐隐匿在黑暗之中，给虽是全裸的她赋予了令人遐想的神秘。

《泉》是安格尔最负盛名的作品。但最初这张画描绘的是维纳斯，后来经过世事历练，安格尔将少女脚边的天使抹去，把整理秀发改为倾倒水瓶，将一幅原本神话题材的作品改为了具有古典气息的世俗名作。少女如她脚边的雏菊般正欣然开放，灿烂的美好青春正在等待她，或许安格尔也是为了借此来祭奠自己已逝的青春，表达对自然美的憧憬与喜爱。

女性肖像画也体现了安格尔捕捉女性魅力的独特天赋。在《勃罗日里公爵夫人像》中，华丽的装束，光洁亮丽的黑棕发，典雅的姿态，随意摆放的手指，安格尔将公爵夫人描绘得既古典优雅又随性灵动。

安格尔一生都在追求完美，完美的笔触，完美的腰身，完美的姿态，用这些完美塑造了一位又一位充满魅力的女性。这也表现了安格尔本身的高贵品位与独到眼光。

《大宫女》
91cm × 162cm
1814 年
布面油画
巴黎罗浮宫

I A. INGRES. P AT. 1814. ROM.

《**泉**》
163 cm × 80 cm
1856 年
油彩、画布
法国巴黎奥塞美术馆

第 271 页图
《**勃罗日里公爵夫人像**》
121.3 cm × 90.8 cm
1851—1853 年
美国纽约大都会美术馆

《路易斯·奥松维尔伯爵夫人》
131.8 cm × 92 cm
美国纽约市私人弗立克收藏馆

《莫第西埃夫人 2》
147 cm × 100 cm ，1851 年
美国华盛顿区国家画廊

第三节 威廉·阿道夫·布格罗

美好纯洁的视觉美学家

威廉·阿道夫·布格罗，19 世纪上半叶至 19 世纪末法国学院艺术绘画的最重要人物之一。法国学院派画家。布格罗最早从事神职工作，在工作的过程中他接触了绘画并跟随安格尔学习过一段时间。1841 年他进入波尔多市立绘画学院学习，并决意以职业画家为生，1846 年他来到巴黎并被法国美术学院录取，1850 年赢得了罗马大奖赛，使他得以在 1851—1854 年间住在罗马工作和学习。在罗马他接触到了许多文艺复兴和巴洛克大师的作品，这对他有重大的影响。

威廉·阿道夫·布格罗，1825 年出生于法国比斯开湾小城拉罗谢尔。布格罗的父亲是小商人，先做葡萄酒生意，后做橄榄油生意。威廉·阿道夫·布格罗在美术界虽然是逆历史潮流的人物，但他的作品确实也给人一种美的享受，有时为了追求完美，他也不惜篡改事实。他的作品多取材于古代神话，他将其以超出现实的美展现出来。在布格罗的画作里，女性的形象非常恬美，有妇女、仙女和农村姑娘等人物。其环境多为乡间丛林，宁逸静瑟。

威廉·阿道夫·布格罗代表作《殉道者的凯旋》使布格罗在世界博览会上引起轰动，美术评论家这样描述道：“布格罗先生有一种源于自然的天性，他的作品表现出人体的自然美，这种艺术流派重现了远古和 16 世纪文艺复兴时期的绘画风格”。

布格罗作品以高度完整、技法全面和擅长表现多愁善感的题材为特征。在人物造型的处理上，为了追求高度的优美、理想化的境界，布格罗舍弃技法创新，维护官方正统的艺术，排斥其他艺术流派，比如在素描和油画上重视细节的绘画，他在人物的皮肤、手和脚上有细致而独特的绘画技艺。例如《维纳斯的诞生》与《在地狱的但丁和维吉尔》。

《在地狱的但丁和维吉尔》
281cm × 225cm
1850 年
法国巴黎奥赛博物馆

威廉·阿道夫·布格罗一生坚持传统的唯美主义的学院派风格，打击压制后起的印象派画家，他的写实绘画作品很受当时人的欣赏，人们对他的画作赞美到:“给人一种美好和纯洁的视觉享受！”。

《维纳斯的诞生》
164.5cm×117.5cm，1879 年
法国巴黎奥赛博物馆

第五章

浪漫主义

第一节 戈雅

真挚的现实主义幻想者

在戈雅的艺术生涯中，有两个因素对他的艺术创作产生了重要影响：一个是委拉斯贵支，早年的戈雅以委拉斯贵支为模仿对象，还刻意临摹过委拉斯贵支的几幅作品，深受其画风影响；二是戈雅曾为哥布兰花毯画过图样，这种花毯不需要像学院派那样完整规范，因此在一定程度上解放了戈雅的艺术创造，让他更加直率地创作，更真挚地表达自己的所思所想。

在1808年的5月2日，西班牙人民进行了革命起义，戈雅站在人民的一边，也目击了整个起义。后来在1814年完成了这幅描绘西班牙人民不畏强暴、英勇奋战的作品——《1808年5月3日枪杀起义者》。《1808年5月3日枪杀起义者》也称《1808年5月3日的马德里》，描绘了法军镇压起义者，残暴将其枪击的画面。戈雅将即将被杀害的起义者置于画面的视觉中心，并且与右侧的灯光相呼应，白色的上衣在周围人民的暗色衣服衬托下显得十分突出。起义者双手举起，眼里却透露出毫不畏惧的神情，其英勇无畏的英雄形象被戈雅塑造得极为成功。戈雅将枪击的背景安排为夜景，也是为了暗示当时的西班牙正在被黑暗笼罩，人民虽身于水深火热中，但不屈不挠，绝不妥协。在同一年，戈雅还绘制了另一幅人民起义的作品——《1808年5月2日马穆鲁克雇佣军的冲锋》，讲的是西班牙人民反抗拿破仑的侵略，每一部分都充满了人民抵抗的力量。

《裸体的马哈》相传是历史上最早的一幅女性裸体画。戈雅还画了一张《穿衣的马哈》，但两张画都受到了当时教会的抨击和批判，被认为是不道德且伤风败俗的，戈雅还因此受到了宗教审判。但在这幅画中，戈雅的目的是表现女性的美，不管是穿衣后的马哈或者是裸体的马哈，其内在的女性魅力是不变的。

第280、281页图
《1808年5月3日枪杀起义者》
266cm × 345cm
1814年
布面油画
西班牙马德里普拉多美术馆

《1808 年 5 月 3 日枪杀起义者》局部

《1808 年 5 月 2 日马穆鲁克雇佣军的冲锋》
266 cm × 345 cm
1814 年
布面油画
西班牙马德里普拉多美术馆

《裸体的马哈》
95 cm × 190 cm
1797—1800 年
布面油画
西班牙马德里普拉多美术馆

戈雅的生平充满了传闻，就像艺术史上的另一位大师米开朗琪罗一样，也成为后人感兴趣的话题。但其与其他大师的最大不同点就在于他将幻想与现实重合，于现实主义题材中融入自己的幻想。

第二节 德拉克洛瓦

自由勇敢的浪漫者

作为浪漫主义画派典型代表的德拉克洛瓦并非出生于艺术世家，但他却有位与他兴趣相投的舅舅——里兹内尔。里兹内尔是大卫的学生，无意中发现了德拉克洛瓦的艺术天赋，鼓励他进入美术学院学习。后来德拉克洛瓦遇见了浪漫主义代表人物之一的热里科，并深受其影响，创作了大量的浪漫主义风格作品。他不仅继承了文艺复兴以来的伦勃朗、鲁本斯和康斯泰博尔的艺术精

《自画像》
65 cm × 54.5 cm
1837 年
法国巴黎罗浮宫

《基督在加利利海上》
45.72 cm× 54.61 cm
1841 年
美国堪萨斯尼尔斯阿德金博物馆

华，还对后面的印象主义与表现主义影响深远。

德拉克洛瓦的绘画既有鲁本斯式的绚丽色彩与强烈动势，又有伦勃朗式的光影渲染与沉浸，饱含强烈而深刻的情感，用充满力量的笔触描绘出激烈动荡的画面。在 1822 年，德拉克洛瓦发表了他第一幅浪漫主义作品——《但丁之舟》（又叫《但丁与维吉尔在地狱》）。取材于但丁的《神曲》，描绘了头戴月桂花冠的诗人维吉尔正引导着但丁乘坐小舟穿越地狱。身旁还有几位被罚的地狱者挣扎着抓住小舟不放，一位女子身上的水珠闪烁着光芒。真实生动，令人动容。

德拉克洛瓦的众多作品中，《希阿岛的屠杀》是最令人震撼的作品。画中描绘的是希腊民族反对土耳其侵略压迫的民族解放运动，根据真实历史事件而创作的巨作。手无寸铁的希腊

《但丁和维吉尔共渡冥河》
189 cm× 242 cm
1822 年
法国巴黎罗浮宫

民众被压迫者大肆屠杀，希腊人民悲惨无望的表情激起了整个欧洲的愤怒。德拉克洛瓦用强烈豪放的笔触，通过增强画面的明暗对比突显受迫民众的悲惨与惊恐，同时也表达了对压迫者的痛恨与愤怒。还有他的《阿尔及尔妇女》，都显现了德拉克洛瓦关注生活，关心民众，敏感于正义与人道问题。

在 1830 年，德拉克洛瓦创作了将浪漫主义运动推向顶峰的作品，即《自由引导人民》。时值法国巴黎爆发了法国民众推翻波旁王朝的革命运动，德拉克洛瓦被街头饱含革命激情的人民所感动，立即创作了这幅作品。画面的主角是一位象征法兰西共和国的自由女神，高举着三色旗召唤澎湃的民众，踏着烈士的鲜血前进，表现了人民同仇敌忾、团结统一的不屈精神。画面的动势极大，颜色鲜艳热烈，充满了激昂的战斗精神。

德拉克洛瓦一生追求勇敢，他的作品也充满了自由勇敢的浪漫精神，也正如他本人在日记里写到的："我们应当有勇气，要非常勇敢。没有勇气，甚至没有极大的敢于冒险的勇气，那就没有美。"

《希阿岛的屠杀》
417 cm× 345 cm
1824 年
法国巴黎罗浮宫

《阿尔及尔妇女》
180 cm× 229 cm
1834 年
法国巴黎罗浮宫

《自由引导人民》

1830.

第三节 透纳

朦胧质朴的风景诗人

作为英国最著名、技艺最为精湛的艺术家之一，透纳极为擅长描绘光色的微妙变化和水汽弥漫的朦胧感。所以每当我们在欣赏透纳的作品时，往往会感觉眼前有一层薄薄的黄昏色雾气，给人慵懒自然的感觉。就像散文家威廉·赫兹利特对透纳的评价："艺术家乐于回到创世之初的混沌状态，没有硕果累累的树木，空荡荡的一片。有人说：'他的风景画画的就是空无'"。

透纳生于一个普通家庭，父亲是位理发师，而母亲死于精神错乱。但在透纳十岁的时候，他已表现出不凡的艺术天分。后来被送去美术学校读书，十四岁时就进入了皇家美术学院学画，最初学的水彩，后来研习了油画。

在美术学院学习的透纳极为刻苦用功，爱德华·戴斯就曾以透纳为例，称其："勤奋自制，没有老师也能突飞猛进。"聪颖的透纳也深知只有天分是远远不够的，他还要勤奋勤奋再勤奋！

勤奋的透纳极为喜爱研究室外光色的微妙变化，为了让色彩体现自然的浅淡变化，透纳毅然放弃了以深色打底的古典绘画手法，开始在白底上作画。在作品《雨、蒸汽和速度》《在雾中升起的太阳》中，这种手法极为明显。颜色浅淡的过渡变化真实自然，白底令色彩显得清透明净，让画面有一种清新生动的感觉。人物与动物的描绘也极为朴实，用人物及动物的小来凸显环境的辽阔，略微萧索却不寂寥。在《加来码头》和《康瓦尔的海滩和客栈》中也体现了透纳的独特创作手法。

透纳的每件作品都像一首朦胧诗，既让人捉摸不透又使人醉心于欣赏，观赏他任何一件作品都能令人感动不已。

《自画像》

《在雾中升起的太阳》
134.6 cm × 179.1 cm
1807 年
英国伦敦国家画廊

《雨、蒸汽和速度》
90.8 cm × 121.9 cm
1844 年
油彩、画布
英国伦敦国家画廊

《康瓦尔的海滩和客栈》
89.9 cm × 120.7 cm
1811 年
油彩、画布
美国纽约大都会博物馆

第四节 席里柯

志在创新的浪漫主义先驱

席里柯起初在专业画室学习，但不满于画室循规蹈矩的教学，引起了保守教师的排斥。但在画室学习期间席里柯认识了一位浪漫主义巨匠——德拉克洛瓦，两人经常一起去罗浮宫临摹大师作品。后来席里柯去了意大利，在看了米开朗琪罗的作品后，立刻成为这位大师的崇拜者。

由于米开朗琪罗的影响，席里柯对现实生活越来越敏感，对真实不加修饰的事物尤为感兴趣，他的作品也透露出浓郁的现实主义。他于1819创作的《梅杜萨之筏》就极具现实风格，揭露与批判了当时贵族阶级的险恶与残忍。

《梅杜萨之筏》源于当时的一件真实事件，一时轰动整个法国。当时梅杜萨之筏载了数百人前往非洲，但不幸途中搁浅，船体无法移动。而当时的船长是一位愚蠢的贵族人士，根本不懂如何指挥。后来为了活命，带着其他一些贵族乘救生艇逃离，将船上的伤者与官兵抛弃，任其自生自灭。后来据说有人活活饿死，有的人开始吃同伴的肉，还有一些早已精神失常。当时的席里柯听闻这则消息后，立刻开始着手于这张画。为了画出船上人的真实求生状态，他去精神病院观察病人，去停尸房研究尸体，做了大量的草稿，后来完成了长达七米的巨作——《梅杜萨之筏》。画中绝望的生存者忽然发现海天交界线上的船只，开始奋力呼救，几个青年挣扎着将其托起，仿佛下一秒即将用尽他们最后的一丝力量。前景中有的人抱着死去的儿子哭泣，有的垂死者还在挣扎，每一位人物都有着自己独特的心理状态，无不真实动人，无不令人同情与痛恨的。《被闪电惊吓的马》和《皇家的骑兵军官》也是席里柯的代表作。

第303页上图
《梅杜萨之筏》局部

第303页下图
《被闪电惊吓的马》
49cm × 60cm
1813—1814年
油彩、画布
英国伦敦国家画廊

席里柯一生都追求创新，也正是因为对绘画的真挚与执着，他才能创作出《梅杜萨之筏》这一震撼人心的作品。

《梅杜萨之筏》
491cm × 716 cm
1819 年
布面油画
罗浮宫藏

《皇家的骑兵军官》
349 cm × 266 cm
1814 年
油彩、画布
法国巴黎罗浮宫

第六章

现实主义

第一节 康斯太勃尔

迷恋家乡的风景革新者

康斯太勃尔是英国19世纪最伟大的风景画家之一，他热爱故乡，创作对象大多都是家乡的田野、树林、动物或朴实的劳动者。他不同于同时代的大部分画家，以以往的古典作品为师，而是向大自然学习绘画，尝试用生动的绘画语言描绘自然的瞬息万变与无穷魅力。

《干草车》是康斯太勃尔在1821年创作的作品，该画描绘了英国萨福克郡一个小村庄的河边景色。这件作品也曾进入1824年法国巴黎的沙龙展览，是康斯太勃尔最具代表性的作品。

画面的中心是一辆运输干草的马车，马车主正驱赶着马车过河，岸边是被围栏保护的农屋，还有悠闲玩耍的小狗。远处的树林与天空交织在一起，近景葱郁的树木又与清澈平静的河流联系，烘托出安静恬淡的氛围。康斯太勃尔对家乡的热爱从他对磨坊的细致描绘就能窥探出，其刻画得朴实自然、简洁生动，使画面充满乡村的生活气息，令人流连忘返。

康斯太勃尔一生过得极为平静，就像他笔下的风景画所传达的那样平和自然。在描绘自然的同时，一生未出过家乡的康斯太勃尔也表达了自己对家乡的热爱。

《从低沼泽地看索尔兹伯里大教堂》
73 cm × 91 cm
1820 年
油彩、画布
美国华盛顿区国家画廊

《艾塞克斯的威文豪公园》
56.1 cm × 101.2 cm
1816 年
油彩、画布
美国华盛顿区国家画廊

《干草车》
130cm × 185cm
1821 年
布面油画
英国国家美术馆

第二节 柯罗

行走中的艺术家

柯罗一生热爱自然，坚持边旅行边写生，几乎走遍了整个法国。他目睹了美术史上的众多画派的兴盛：古典主义、浪漫主义、现实主义等，所以柯罗的画受许多画派的影响，形成了柯罗自己的独特风格，一种具有现实情节的诗意浪漫的朦胧美。

柯罗的风景画风格极为相似，有时甚至像是同一时期画的。柯罗在巴黎北部的小镇旅行时，被一处湖景深深打动，在那儿驻足很久，但是当时没有机会写生。所以后来柯罗在自己的画室里根据回忆创作了他的名作——《蒙特芳丹的回忆》。画面描绘了当时另柯罗久久不能忘怀的一幕，树枝摇曳，婀娜地伸展在风中，仿佛画外的观者也能感觉到一丝微妙的风意。零星点点的花朵在阳光下闪耀，生动而可爱，那些都是被自然眷顾的美丽生命。朦胧的湖面还倒映出远处的山景，给人一种神秘感。整张画的灰绿色调洋溢着自然的清新感，像是一首恬静的诗。

《俄尔普斯引领欧律迪克出冥界》也是柯罗的代表作之一，同样的灰绿色调子，表现了自然的美妙与魅力。

柯罗热爱自然，他的风景画也让他名垂艺术史。灵动的笔触与诗意的心境，都表现了他对自然的情感。他也曾说："艺术就是当你画风景时，要先找到形，然后找到色，使色度之间很好地联系起来，这就叫作色彩。这也就是现实。但这一切要服从于你的感情。"

第 315 页图
《俄尔普斯引领欧律迪克出冥界》局部

《俄尔普斯引领欧律迪克出冥界》
111.8 cm × 137.7cm
1861 年
布面油画
美国休士顿美术馆

《蒙特芳丹的回忆》
65cm × 89cm
1864 年
布面油画
巴黎罗浮宫

第三节 杜米埃

爱憎分明的漫画大师

奥雷诺·杜米埃，法国杰出的漫画家，也是一位独具风格的油画家。他洞察力敏锐，心思细腻，用夸张的漫画形式来揭露和批判统治阶级的腐败与无能。他的艺术就像是那个时代的刀刃，用画笔代做锋利的匕首，剖析时代的弊病，让民众认清现实。

《剧场的出口》
布面油画
纳尔逊阿特金斯艺术博物馆

杜米埃出生于一个普通的工人家庭，少年时迫于生活的贫困，就开始在法院里干活，后来又去了书店。也就是在书店工作时，杜米埃开始学习绘画。要论杜米埃在绘画方面的天赋，那就是他惊人的记忆力最值得一提，他可以仅凭记忆就把当天的所发生的事情的场面都画出来。也因为这样，杜米埃的速写功底极为扎实，为他后来创作大量漫画打下了坚实的基础。因为早年的社会经验，杜米埃深谙社会的复杂与黑暗，在经历了法国几个动荡的革命后，杜米埃开始有了画家的责任意识，他觉得应该向民众揭露上层阶级的腐败与黑暗，于是拿起画笔，开始与敌人做斗争。

《三等车厢》是杜米埃的代表作之一，描绘了巴黎劳工挤在一个车厢的场景。画面中的车厢空间狭小简陋，杜米埃细致描绘了前景中的三位人物，将后面的人物概括化，大家靠着椅背而坐。杜米埃描绘了一个三等车厢，也就是法国底层人民所乘坐的车厢，用这一小现象，披露了法国社会的等级制度。这小小的车厢也成为法国底层社会的一个缩影。《剧场的出口》也是杜米埃的作品之一。描绘了一家人看完演出后出场的画面，有面无表情而呆滞的，也有意犹未尽而惊奇的，表情生动有趣，是典型的杜米埃式漫画风格。

杜米埃笔下的人物线条流畅，表情生动丰富，不过多专注于细枝末节，而是着重表现人物的内心状态。透过杜米埃的作品，我们也能从其中窥探到 19 世纪中叶法国的社会风貌与时代特点，因为艺术在一定程度上会反映出当时政治文化的发展状况。

第 322、323 页图
《三等车厢》
1860 年
布面油画
美国纽约大都会博物馆

第四节 米勒

从穷苦走出来的田园画家

让·弗朗索瓦·米勒是19世纪法国最杰出的现实主义画家，以擅长农民题材的画作而著名。米勒喜爱劳动人民身上的质朴与简单，善于从新颖的角度描绘农民辛勤劳作的场景，其“麦田系列”最具代表性。米勒的身上总有一种令人亲近的气质，就像他的画作所表现的一样，现实自然，又古典伟大。

米勒生于一个穷苦的诺曼底农民家庭，青少年时代当过农民。后来去巴黎学画，但是画室里的同学与老师都瞧不起从农村来的米勒，米勒的学画经历并不愉快。但老师与同学的排挤并没有使米勒失去对绘画的激情，他找到了他喜欢与擅长的题材——劳动者。

城市的繁华、拥挤与嘈杂都与他无关，他只专心于纯朴的劳动人民，以及他们伟大的劳作。《拾穗者》就是米勒的代表作之一。画中描绘的是三位农妇正在麦田里拾穗，平淡自然，并没有什么激动人心的情节。远处载满稻穗的马车与骑马者正劳碌奔波，共同为这丰收季节而辛勤劳作。拾穗妇人并没有精致的容貌与服饰，相反，米勒将其肤色描绘得黝黑，显示她们常年在外劳作的经历，身上的围裙缠绕在腰间，突出了她们结实浑圆的健康体魄。在阳光的照射下，拾穗妇人的形象显得亲近自然。

《晚钟》是米勒1859年创作的作品，也是米勒的代表作之一。画面简洁明了：远处的钟声响起，暮色中的一对夫妇听见钟声后开始双手合十祷告，为平安的一天表示感恩。妇人低头祷告的姿态将农民的虔诚与朴实表现得淋漓尽致，在暮色的映衬下，显得更为神圣。《晚钟》不仅表现了农民的纯朴与虔诚，也表达了米勒对劳动人民的赞美与同情，也是米勒乐观人生态度的表现。

《晚钟》
83.5cm×111cm
1859 年
巴黎奥赛博物馆

1865 年米勒还模仿过凡·高的《播种者》，因为同凡·高一样，米勒也是极为尊敬农民的艺术大家。

米勒的一生穷苦而平淡，用画笔绘出了劳动人民的勤劳与质朴，所以他的作品也表现出一种由内而外的亲近自然感。就像罗曼·罗兰在《米勒传》里所写的："米勒将全部精神灌注于永恒的意义，从来没有像他这般的画家，将万物所依赖的大地描绘得如此雄伟与伟大。"

《拾穗者》
83.5cm × 111cm
1857 年
巴黎奥赛博物馆

《播种者》
101.6cm × 82.6cm
1850 年
美国波士顿美术馆

第五节 库尔贝

走向大众的现实主义开创者

古斯塔夫·库尔贝，法国现实主义运动的代表人物与开创者，他倡导艺术的真实性与自然性，反对古典艺术的生硬与浪漫主义的幻想，主张去华就实，描绘接近大众的艺术作品。

库尔贝出生在法国的奥尔南小镇，父亲是一位葡萄庄园主，家境优越。二十多岁时被父亲送去学习法律，但后来库尔贝爱上了艺术，开始自学绘画。因为有良好的家境与教育，库尔贝从小就自信果敢，这从他后来众多的自画像中也能看出，其中《带黑狗的自画像》最具代表性。他相貌英俊，具有英雄主义气质，好交际，积极参加各种社会活动，为他之后的迅速成名起到必不可少的作用。

库尔贝的成名归因于一次画展。1855 年巴黎正举行世界博览会，意气风发的库尔贝送去参选的两件作品，即《奥尔南的葬礼》与《我的画室》都遭落选。但他毫不气馁，转而在展览会的门口举办了小型即兴的个人展览，门口写着："现实主义，库尔贝四十件作品展览"，公开反对官方艺术，倡导现实主义艺术。之后库尔贝变成了当时的风云人物，现实主义也开始迅速发展。

《我的画室》是当时库尔贝参展落选的作品之一。描绘的是画家作画的场景，但在这六米大的巨作中，暗示的是库尔贝的人生与艺术寓言。画中主要分为三组，其中画面中心的库尔贝为一组，代表其独立的思想与人格；画面左侧的人物为一组，是画家经常描绘的对象，即工人、农民、掘墓人、牧师等；右侧身着华丽服饰的人物为一组，其中有库尔贝的朋友，还有诗人、艺术批评家等。画中的内容不具有情节性，但却能表明库尔贝的生活寓意，在当时也震惊了整个巴黎画坛。

《带黑狗的自画像》
1842 年
布面油画
巴黎小皇宫博物馆

《碎石工》是库尔贝现实主义作品的代表作之一，描绘了普通石工的工作场景。在那个时代，基本没有画家会选择花精力描绘普通石工的形象，所以当时一展出就遭到了人们的议论。库尔贝为了描绘石工劳作的真实场景，还将两位石工请到画室里当模特，石工的工具也遍布整个画室。《路遇》也是其代表作之一。

《路遇》
129 cm×149 cm
1854 年
法国朗基多克法伯荷美术馆

无论是描绘自己艺术生活的作品，还是描绘石工辛劳工作的作品，都表现了现实主义大师库尔贝的艺术追求与目标，即走向大众，崇尚自然与现实。

《我的画室》
359cm × 598 cm
1855 年
布面油画
法国巴黎奥赛博物馆

第六节 伊万·希什金

真实活力的自然倾慕者

伊万·希什金，19世纪俄罗斯的风景画家，同时也是巡回展览画派和现实主义画派的画家，生于1832年1月25日，卒于1898年3月20日。希什金毕业于圣彼得堡皇家艺术学院，并拿到了学院的金奖，得以在欧洲继续深造。回到俄罗斯后，他迅速建立了自己的社会地位，并加入帝国学院成为一名教授。随后希什金加入了巡回画派与俄罗斯水彩画协会，举办了不少个展，成为画坛活跃的领军人物。

希什金，1832年出生在叶拉布加的一个商人家庭。童年时期生活在威亚特省，当地的自然风光给小伊万·希什金留下了深刻的印象，对他日后的创作有很大的影响。希什金曾就读于莫斯科艺术学院，之后，进入皇家艺术学院深造并以优异的成绩完成学业。1873年到1898年，希什金任教于皇家艺术学院。希什金曾在瑞士和德国生活了一段时间，他的画作也多次参加国际性的展览，获得了广泛的认可和好评。

《清晨松林》就是希什金的代表作品之一。现存于莫斯科特列恰科夫美术馆。晨光为松树林涂上一层金辉，松林里荡漾着清新的生气。松树林苏醒了，几只黑熊在嬉闹玩耍，为宁静的松树林增添了生机。高大的松树林，分近景、中景、远景，层次的丰富加强了空间感，展示出一派生机勃勃的景象。画家希什金从生活出发，以写生为基础，为作品灌注了现实情感。据说画中可爱、亲和的大小黑熊是萨维茨基所画。希什金的另一件代表作《橡树林》作于1887年，这是一幅表现在阳光照耀下的橡树林的作品。充满了活力的橡树在阳光下伸展着茂密的枝叶，它的枝干高大，树身上长满了青苔，浓密的绿叶愈见深广和雄伟，而地面上的花草、平静的水池更加显出橡树林的深远和厚密。这一切都十分准确地

第336、337页图
《清晨松林》
139cm×213cm
1886年
俄罗斯特列季亚科夫美术馆

表现了俄罗斯大自然的风貌。

《清晨松林》局部

希什金的作品大都以自然风景为基础，森林景观是他最出色的主题，林中充满各种自然生态：鸟类、野兽与四季的变化等。这充满活力和生气的氛围，也表达了希什金对于自然的喜爱和赞美。

第七节 列宾

辛勤高尚的人民画家

伊利亚·叶菲莫维奇·列宾，俄罗斯现实主义画家，巡回展览画派的代表人物。列宾在圣彼得堡帝国艺术学院学习了艺术。他和米开朗琪罗等艺术大师一样，一生不知疲倦，勤于艺术探索与创作实践。在列宾看来，所谓灵感，不过是对辛勤劳动的一种报酬。

列宾出生在俄罗斯哈尔科夫省的一个小镇。父亲是一个军官。全家人在屯垦地辛勤农作，童年的列宾亲身体会到了生活的贫困与艰难。在田埂中，列宾也不止一次亲眼看见了囚犯如何被驱赶着由此经过，这些印象成为他日后创作的素材。但列宾的绘画才能是受到了在画坊当学徒的表哥影响。表哥时常给他带回一些纸张、颜料、画笔，耳濡目染，列宾逐渐对油画着了迷。

《伏尔加河上的纤夫》作为列宾的成名作，在现实主义绘画史具有重要地位。画面中：在烈日酷暑下，一群衣衫褴褛的纤夫拖着货船，步履沉重地走在漫长荒芜的沙滩上。列宾在油画中塑造了 11 个纤夫形象，他们的年龄、身材、性格、体力、表情各不相同，我们从他们身上不但看到了传统画作中那些在沙俄专制下普通民众奴役般的生活，更体会到了他们的智慧、善良和力量。这正是画家的创新之处，巡回展览画派艺术家以往的作品都是把人民当作同情、可怜的对象，而列宾在反映现实的同时，通过人物的神态和动作充分体现了劳动人民身上所蕴藏的巨大能量，给人以激励、震撼的感觉。自 19 世纪 80 年代以后，列宾被公认为是批判现实主义的泰斗，成为巡回展览画派的旗帜。

早年绘制的《伏尔加河上的纤夫》即让他获得了画坛的关注，1874 年他参加了法国巴黎沙龙展，之后参与到巡回画派的展览中，他收获了国际声望和市场青睐。1892 年他在俄罗斯历史博物馆举办了展览，之后在欧洲北方进行了旅行访问，皇室也对他青睐有加，他因此为尼古拉斯二世和公主都绘制了肖像，此后开始了他的创作高峰期，一大批名作都创作于此时。

19 世纪 90 年代之后，列宾受到象征主义的影响，也吸收了来自印象派的光影描绘手法。1900 年列宾参加了巴黎世界博览会，并担任了绘画单元的评委，之后他在欧洲各处旅居，并参加过抵抗沙皇镇压的抗议活动等。十月革命后，列宾居住的圣彼得堡郊区被划为芬兰领地，尽管列宁等人曾盛邀他回国，但他因为年事已高，最终在芬兰逝世。

高尚的精神无疑是其作品的灵魂，高超的绘画技巧无疑给其作品赋予了雕塑般坚硬的外衣。正因如此，它们成为人类文明经久不衰的经典艺术。

《伏尔加河上的纤夫》局部

《伏尔加河上的纤夫》
131.5cm × 281cm
1873 年
俄罗斯圣彼得堡俄罗斯博物馆

第 342 页图
《伏尔加河上的纤夫》局部

第七章

象征主义

第一节 古斯塔夫·莫罗

浪漫魔幻的独居画家

古斯塔夫·莫罗，法国象征主义的代表画家之一。莫罗出生于中产阶级家庭，15岁在意大利旅行之后他开始对艺术创作产生兴趣，18岁接受了大师的绘画教育。1852年莫罗第一次参加巴黎沙龙，很快他就在巴黎站稳了脚跟。他的导师西奥多尔·夏塞里奥在1856年离世，悲痛欲绝的莫罗甚至曾意图退出公众视野，在父母的建议下他在意大利旅居了两年后重新获得了对艺术创作的热爱。

象征主义画家古斯塔夫·莫罗出生于巴黎一个建筑师的家里。莫罗绘画中的色彩，光怪陆离，深沉而又闪烁，他主张美的色调不可能从照抄自然中得到，必须依靠思索、想象和梦幻才能获得。莫罗画的大多是宗教传说和神话故事，他把作品置身于神话与梦幻的世界中，用虚幻的主题构思和矫饰的形象，传达浓厚的、怪异的神秘主义情调。这在《俄狄浦斯与斯芬克斯》与《拿着俄耳浦斯头颅的色雷斯姑娘》中犹能体现。

1846年，莫罗进入巴黎美术学校学习，他常到德拉克洛瓦的画室求教，与德拉克洛瓦的学生夏塞里奥成为朋友。受其影响，莫罗对古典派的技巧和浪漫派的热情兼收并蓄，既有古典派的传统造型能力，又善于运用华丽灿烂的色彩。1857年莫罗到意大利学习，临摹卡拉瓦乔、米开朗琪罗的作品。19世纪60年代致力于东方艺术研究，日本的浮世绘、印度和波斯的细密画都对莫罗的艺术风格有很大影响。19世纪70年代，印象主义绘画兴起，莫罗坚定地站在反对印象主义的立场，指责印象主义者的艺术只不过是浅薄的、记录式的、毫无思想的艺术，莫罗主张艺术应当是思辨的、富于哲理的思想的体现。

莫罗的作品具有东方式的奢华，但多现出诡异的神秘性，缺乏圣洁的感情，因此使观者难以因感官的愉悦而生亲切之情，但

《俄狄浦斯与斯芬克斯》
206.4cm × 104.8cm
1864 年
法国巴黎奥赛博物馆

《拿着俄耳浦斯头颅的色雷斯姑娘》
154cm × 99.5cm
1865 年
法国巴黎奥赛博物馆

莫罗的作品有一种令人不能忽视的力量。莫罗的技法是古典主义的，思想是浪漫主义的，而表现出来的却是魔幻主义的。他在传统的题材中得以取得了创新，他认为画家应该尊重和使用自己的想象力，他的作品影响了下一代的象征主义画家，后世也有很多当代画家以他的作品为灵感来源。

第二节 夏凡纳

浪漫与现实的融合者

皮埃尔·皮维·德·夏凡纳，法国著名象征主义画家。早年就读于工科学校，后来游学意大利，受到意大利艺术的影响，开始学习艺术。他跟随浪漫主义大师德拉克洛瓦学习，所以在其早期作品中能发现浪漫主义的影子，如《和平》。后来夏凡纳又受到威尼斯画派的影响，慢慢形成了自己的艺术风格。

夏凡纳对于美的定义是极为特殊的。在他的画面中，人物总是被分离或者孤立的，给画面营造一种寂静的氛围。他受到古典主义大师的影响，人物的形态修长并且姿态优雅。如在《海边少女》中，无论是躺着的，还是站立的少女，其姿势都是舒展，柔和的，与画面典雅沉静的色调融为一体，朴素自然。

在《贫穷的渔夫》中，一个孤独的男人站在他的渔船上，头低垂着，双手交叉叠放在胸前，仿佛在祈祷接下来可以捕到很多的鱼，岸上躺着的小婴儿可能是他家庭里新添的成员，旁边他的妻子正在采花，这种看似无忧无虑的举动，却有着深深的哀伤，她并不能为自己的丈夫分担捕鱼的忧愁，生活的重担似乎能随着她采来的花朵有所减轻。这幅作品的描绘方式是奇特的，不符合传统的造型规律，人体比例和透视都是失衡的，或者说是荒谬的，与当时法国的学院审美是背道而驰的，但这样的方式却加强了画面的情感性，画家有意减轻画面的理想性，以此换来人们对画面情感的关注。

第 348、349 页图
《和平》
109 cm × 148.7 cm
1867 年
美国宾州费城艺术博物馆

《贫穷的渔夫》
155 cm × 192.5 cm
1881 年
法国巴黎奥塞博物馆

《海边少女》
61cm×47cm，1879 年
法国巴黎奥塞博物馆

第八章

印象主义

第一节 毕沙罗

始终如一的印象派先驱

卡米耶·毕沙罗，法国著名的印象派大师，也是唯一一位参加过印象派八次展览的画家。毕沙罗一生遵循印象派的宗旨，是印象派最坚定的画家，被称为“印象派先驱”“现代绘画之父”，塞尚称毕沙罗为老师，可见其在绘画上给予塞尚以及后世的影响。

毕沙罗出生于一个富裕的家庭，父亲是一位商人，所以自幼毕沙罗就一直被父亲当成未来的商人培养，但毕沙罗沉迷于绘画，在 22 岁时不得不放弃从商转为艺术。后来毕沙罗前往巴黎学习，一边在画室里研习规范的传统艺术，一边在各个美术馆学习大师的独特创作风格。最令毕沙罗倾心的就是风景画家柯罗的作品，他还亲自拜访过柯罗，后来毕沙罗又学习了现实主义画家库尔贝、米勒等大师的艺术，所以在毕沙罗的画中可以看到多样风格的呈现。

1885—1890 年间，毕沙罗跟随点彩派大师修拉学习绘画，所以在 1891 年毕沙罗创作的《两位年轻的农妇》中，出现了大量的点彩。光影斑驳，远看是一块或者一片色彩，近看是无数个细碎精致的小彩点。点彩的优点之一就是能够让画面的变化更加丰富与生动，在视觉上更能表现光色的变化。1892 年，一位画商为毕沙罗举办了大型的回顾展，算是总结其大半个艺术生涯。后来的毕沙罗就潜心于创作城市风景，如《冬日早晨蒙巴特的林荫大道》。毕沙罗喜爱以俯瞰的视角去观看城市街景，关注于熙熙攘攘的人流车马，这表达了他对这座城市的热爱，同时这些城市作品也为他赢得了无数赞誉。

印象派的大师无数，但创作风格始终如一的却极为稀少。毕沙罗是一位坚定忠实的印象派追随者，他对印象派的影响可以说是在一定程度上超过了莫奈，所以他也被称为“印象派的中流砥柱”。从他的作品中，我们更能感受到印象派最淳朴真实的状态。

《自画像》
1903 年
布面油画
伦敦泰特美术馆

《两位年轻农妇》
89.5 cm × 116.5 cm
1891—1892 年
布面油画
美国纽约大都会博物馆

《冬日早晨蒙巴特的林荫大道》
64.8cm × 81.3cm
1897 年
布面油画
美国纽约大都会博物馆

第二节 马奈

勇于革新的印象派之父

爱德华·马奈，19 世纪印象主义的奠基人之一，也被认为是印象派的创始人。他生前虽从未参加过任何印象派的展览，但他在绘画上的革新，深深影响了印象派大师莫奈、后印象派大师凡·高、塞尚等。

马奈从小接受了良好的教育，行为举止绅士礼貌，甚至有一丝清高自傲。但他追求自由，反对束缚，支持进步与创新，积极参加革命运动。在生活中是个不折不扣的“激进”分子，在艺术上也是。

《草地上的午餐》是马奈 1863 年创作的作品，在当时的沙龙中引起了极大反响，也是因为这幅画，马奈开始广为人知。在马奈之前的艺术画作中，只有神才能被描绘为裸体的形态，人必须着衣。但在《草地上的午餐》中，马奈将普通女性描绘为裸体，并且赋予其挑逗引诱的姿势与神情，被反对者认为是亵渎了神灵，不能被认同。但也正是从这幅作品出世后，艺术家们开始将目光投向女性，描绘现实自然的女性的裸体美。

《奥林匹娅》是马奈另一幅惊世之作。画中的女人是当时最有名气的妓女，身后的黑人则是她的仆人。她身后的重色墙壁将她的皮肤衬得雪白，但皮肤的嫩白又与普通的白色床单不同。马奈用不同的白色表现了不同的质感，显得画面色彩层次丰富却又不繁复。画中的女人正视着前方的观者，毫不畏惧，就像是勇于在艺术上进行革新的马奈，坚定而自然，反而让观者有点不知所措。

马奈的大部分作品都能称为艺术史上的革新之作，即使马奈被官方承认的晚，但马奈的艺术创举，却直接并深刻地影响了后来的印象派大师与后印象派大师。

第 361 页图
《吹笛少年》
160cm × 98cm
1866 年
巴黎奥赛博物馆

《草地上的午餐》
208cm × 264.5 cm
1863 年
布面油画
法国巴黎奥赛博物馆

第 364、365 页图
《奥林匹娅》
130cm × 190cm
1863 年
布面油画
法国巴黎奥赛博物馆

第三节 德加

迷恋舞者的孤傲画家

埃德加·德加，印象派代表画家之一。他崇拜古典主义的素描，热爱线条的高雅与流动性，这一点与其他印象派大师，如马奈、莫奈等是截然不同的。德加虽爱好古典主义素描，但他的作品也有强烈的现实主义，以表现真挚自然的真实之物为宗旨，传达着朴实现实的真情实感。

德加出生在一个富裕的资产阶级家庭，祖父是位著名的画家，所以德加从小接受了良好的艺术教育。中学毕业后的德加报考了美术院校，前往意大利学习文艺复兴时期的绘画，这也是为什么德加在绘画中有强烈的古典意味。德加从师于安格尔的得意门生拉莫特，在拉莫特的画室里，德加临摹了大量的文艺复兴时期大师的素描，在大师的古典素描里德加学习了如何流畅的描绘事物，纤细而富有连贯性，为后来他创作舞女题材做了重要铺垫。

在 19 世纪末期，德加迷恋上了歌剧。后来频繁出入歌剧院的德加渐渐对剧院的芭蕾舞者产生了强烈兴趣。其作品《舞蹈课》，描绘了小舞女们在教室里专心排练的场景。线条自由流畅却又依附着准确的形体，将小舞女的舞姿描绘得可爱优雅。如果要论德加笔下舞女的形体美，《舞台上的排练》《舞蹈排练》中的形体细节最能表现德加的线条特征与他快速捕捉舞者心灵感受的能力。在 1879 年，德加又创作了芭蕾舞演员的青铜雕塑——《十四岁的小舞者》，雕刻了一位正在做拉伸的小舞女。小舞女头微微上扬，高傲而优雅，右脚尖轻轻点地，将芭蕾舞姿的典雅优美呈现在观者眼前。

德加是位孤傲的画家，他不依附于印象派的名气，也不关心自己的作品是否能售得出去。他一生未娶，只有一位绯闻女友。在他的《自画像》中，我们也能从他淡定而漠视一切的眼神中窥探些许。

《舞蹈课》
85cm × 75cm
1873—1876 年
画布油画
法国巴黎奥赛博物馆

Degas

《舞台上的排练》
54.3 cm × 73 cm
1874 年
美国大都会博物馆

《舞蹈排练》
53.3 cm × 72.4 cm
1874 年
粉蜡、纸
美国纽约大都会博物馆

《**自画像**》
40.6 cm × 34.3 cm
1854 年
油彩、画布
美国纽约大都会博物馆

第四节 亨利·方丹·拉图尔

含蓄古朴的贵族画家

在艺术史中，好像大部分的画家都是生前默默无闻，死后名声大震，而拉图尔却正好相反。在19世纪中叶，巴黎的艺术品位发生了变化，华贵繁复的宫廷画风大受追捧，而拉图尔含蓄古典的风格渐渐被隐匿，直到20世纪才被认为是19世纪最重要的法国画家之一。

拉图尔生活在一个战乱的年代，故乡饱受摧残，所以在他的画作中，总能感受到一股神秘、静谧的力量。在《绘画课》中，暖色的光烘托出静谧安详的氛围，女教师安静地注视着身旁正在努力练习的学生，神情庄严但不严肃，让人感觉亲切平和，仿佛身临其境，身处于这节绘画课中。被伦敦国家画廊收藏的《爱德华夫妇》也有拉图尔式的神秘感。爱德华先生专心致志地看着手中的文件，而爱德华夫人却端庄严肃地看向画外，背景简洁静穆，极为符合两位主体人物质朴古典的贵族气质。

拉图尔具有杰出画家惯有的敏锐洞察力，对人物的内心世界描摹得十分准确贴切。在《巴迪侬画室》中，八位人物各有各的性格特色。处于主体位置的画家马奈正严肃地研究他的模特，笔下略有踌躇，身旁的作家马拉，画家莫奈、雷诺阿及他的朋友正专心注视着他的画作，各自思忖着，显得无比静谧祥和。马奈浅灰色的裤子与周围的黑色服饰形成强烈对比，既凸显了主体，又将画面分成了左右两部分，使画面明暗分明，层次丰富。除了人物画，拉图尔也擅长花卉，《来自诺曼底的鲜花》色调沉稳，花卉色彩丰富却不杂乱无章，桌上散落的白色玫瑰为画作增添了几丝活力，既庄严又生动。

《自画像》

《爱德华夫妇》
70.5cm×61.6cm
1886 年
英国国家美术馆

《绘画课》
160cm × 225 cm
1886 年
比利时布鲁塞尔皇家艺术博物馆

《巴迪侬画室》
204cm × 273 cm
1870 年
法国巴黎奥赛博物馆

《来自诺曼底的鲜花》
70.5cm × 61.6cm
1886 年
英国国家美术馆

第五节 西斯莱

质朴而自由，细腻而敏锐

阿尔弗莱德·西斯莱，法国画家，主要代表作为风景画。西斯莱笔下的风景细腻生动，笔触轻快富有变化，尤为擅长处理微妙的色彩变化，将自然界的光色诗意化却又不缺乏实感。西斯莱与莫奈、雷诺阿熟识，三人经常前往枫丹白露写生，西斯莱的画中也有印象派的影子。

西斯莱的风景画主要选取的是田园、森林、河流、小径等景色，题材亲切，相对于其他印象派画家来讲，西斯莱是较为保守的。但西斯莱的作品中有其他画家缺乏的些许细腻与真诚，因为他可以捕捉到空气的质感、天空的变化、水的情绪等。对于光线，西斯莱也有更为敏锐的眼光。他虽不如莫奈胆大，但在风景的细微之处，西斯莱的感性细腻更能表达风景的诗意感。

《西斯莱与他的妻子》是1868年西斯莱的好友雷诺阿为其创作的作品。我们可以从画中西斯莱深情望向妻子的眼神里得知西斯莱对妻子的爱，雷诺阿将这份真情描绘了出来。1876年西斯莱创作了其代表作之一的《玛丽港的洪水》。19世纪70年代中期是西斯莱佳作盛产的阶段，《玛丽港的洪水》本应表现的是洪水的泛滥，但西斯莱却将它描绘得极为平静自然，像是不受洪水的侵扰与威胁。西斯莱善用多变而细碎的笔触来描绘景物，既有事物本身的厚重感，也有动态与活力。毕沙罗就曾评论道："就我所看到的，相比较其他画家所绘的洪水场景，很少有人像西斯莱那样优美，那是一件油画杰作。"《树林边的沿溪小憩》也体现了西斯莱的那份质朴与细腻。

风景画是古往今来众多画家常常选取的题材，但能将风景画描绘得如此优美的却少之又少，而在西斯莱的画中，就有如他本人一样的质朴、自由与细腻。

《玛丽港的洪水》
50.5cm×61cm
1876年
布面油画
法国巴黎奥赛博物馆

《树林边的沿溪小憩》
73cm × 80 cm
1878 年
布面油画
法国巴黎奥赛博物馆

Sisley. 72

《西斯莱与他的妻子》
1868 年，布面油画
皮埃尔·奥古斯特·雷诺阿

第六节 莫奈

执着坚定的追光者

克劳德·莫奈，印象派创始人之一，同时也是印象派大师中最具代表性的画家。莫奈参加了早期印象派的三次画展，但后来不能忍受画展中出现非印象派风格的作品，就从此退出了印象派画展，开始独身恪守印象派的风格绘画。也正因为如此，莫奈的作品代表着印象主义的本质与精髓，没有受其他任何画派与风格的影响与干扰。

在1874年的一次画展中，莫奈展出了他的代表作之一《日出·印象》，画面描绘的是画家于清晨时分在日出中看到的海港景色，朦胧而梦幻。在这次画展上，有位评论家认为《日出·印象》这个名字十分可笑，就嘲讽当时整个团体为“印象主义者”。想用这个充满讽刺的名称来表明这个团队的“荒谬”：不依靠具体的知识，而是用瞬间的“印象”去创作。后来，整个团队也接受了这个名称，开始自称印象主义者，而莫奈，也被认为是这一画派的领袖人物。

《拿阳伞的女人》与《室外人物研究：拿阳伞的女人》描绘的是画家的第一任夫人卡米尔与他们的儿子。1870年莫奈与卡米尔结婚，也正是同年，普法战争爆发。这时的莫奈穷困潦倒，在绘画创作上最爱以卡米尔为模特。可能也正是有了爱情与家庭的滋润与安慰，身处困境的莫奈依然能享受艺术创作的乐趣。

在莫奈晚年时，眼睛几乎失明，任何事物在莫奈眼里都是模糊与不确定的。在这个时期，莫奈创作了人生中最后一个系列作品“睡莲”。1883年莫奈举家搬到了吉维尼尔，并且自己动手打造了一个花园，花园里还有一个日本拱桥，在“睡莲”系列里经

《撑伞的女人》
100cm × 81cm
1875 年
美国华盛顿国家美术馆

第 389 页图
《室外人物研究：拿阳伞的女人》
131cm × 88 cm
1886 年
巴黎奥赛博物馆

常出现。画中的笔触像流水一样灵活生动，每一笔上又映耀着缤纷的光色。这时的莫奈已经完全忽略了形体，全心表现睡莲在光色中的自然变化，描绘了一个视觉天堂。莫奈的传记作家曾说道："只有在吉维尔尼见到莫奈，你才能真正了解他，了解他的个性，他的生活乐趣与内心世界。"

莫奈的一生都恪守印象主义的原则与风格，一生都在追求自然光色的表达。假如没有莫奈的执着与坚定，想必印象派绘画会是一番贫乏的景象。

Claude Monet .72

《日出·印象》
48cm×63 cm
1872 年
布面油画
马蒙坦莫奈美术馆

上图
《睡莲》
200 cm × 850 cm
1914—1926 年
法国巴黎橘园博物馆

下图
《睡莲池》
100.4 cm × 201 cm
1919 年
油彩、画布
私人收藏

第七节 雷诺阿

情感与生命的探索者

皮埃尔·奥古斯特·雷诺阿，印象派画家之一，也是著名的肖像画家。他的不少早期作品都是印象派的代表作，但在18世纪80年代中期，雷诺阿开始从印象派分离，转而攻向人物肖像画，探索光色中人物造型的变化与表现方式。

雷诺阿的绘画初始经历并非正统的美术教育，而是在瓷器工厂学画瓷器开始踏上艺术的道路。后来才在巴黎正式学画，也结识了众多的印象派大师，如莫奈等。

《红磨坊街的露天舞会》是雷诺阿的名作，描绘了在红磨坊街举办露天舞会的场景。红磨坊本来是一座风车磨坊，后来摇身一变成了露天的咖啡馆，一时声名鹊起，吸引了众多的艺术家，比如凡·高、德加等。雷诺阿当时为了完成这幅画，邀请他的朋友为他当模特，他的朋友们都不吝相助，数十小时保持姿势让雷诺阿尽情创作。最后在众多好友的帮助下，雷诺阿完成了这幅巨作。

在完成《红磨坊街的露天舞会》后，雷诺阿又创作了《游艇上的午餐》，描绘了雷诺阿的妻子与众多朋友在游艇上享受午餐的情景。左侧的妻子玩弄着小狗，可爱俏皮，充满了明媚阳光感。这是雷诺阿印象时期创作的最后一件作品，是他单一印象主义风格的终结，也是他自身独特风格的开始。

雷诺阿的一生都在追求色彩的奥秘，他进入印象派团体，创作印象派绘画，汲取印象风格的精髓与养分，最后超越了色彩，找到了属于自己的富有感情与生命力的创作风格。

第395页图
《**游艇上的午餐**》局部

《游艇上的午餐》
130cm × 175.5cm
1881 年
布面油画
华盛顿菲利普收藏馆

《红磨坊街的露天舞会》
131cm ×175cm
1876 年
布面油画
法国巴黎奥赛博物馆

第八节 贝尔特·莫里索特

纯洁的天才

贝尔特·莫里索特，法国印象派女画家。莫里索特是第一位加入印象画派的女画家，曾受教于柯罗，画家马奈对她的画风也有绝对的影响。莫里索特不同于其他印象派画家，特别注重色彩的光学体验，和美国的卡萨特同被认为是19世纪后半叶最主要的女画家。

1864年，莫里索特23岁的时候就在巴黎沙龙上展出了自己的作品，并得到了不少好评，之后她得到了继续在沙龙上展示的机会。1874年她转而开始参加印象派的展览，并与印象派画家们来往密切。莫里索特在印象派的男性画家中脱颖而出，1877年甚至有评论家认为她是这个群体中最优秀的一个。她的作品通常以日常所见的事物、人物等为主要描绘对象，充满“女性的魅力”，笔触优雅轻盈，善用各种柔和、透亮的色彩，她受到当时很多印象画家的影响，比如雷诺阿、德加、马奈等。晚年莫里索特开拓了自己的创作主题，在她的画布上经常出现年轻时候的回忆。

莫里索特喜欢肖像画，特别是妇女和儿童的肖像，《穿着舞会礼服的年轻女孩》《夏日》就是其中的两幅。由于莫里索特认为在画肖像的过程中可以从容地研究色彩的变化以表现丰富的感情，于是这便成为她最热衷的题材了。而且莫里索特的许多肖像作品都是在外光下完成的。莫里索特在快速敏捷地作画同时带有自信与优雅的风格，让人们不得不瞩目她的作品。此外，莫里索特还喜欢描绘室内情景，她似乎要在熟悉、亲密的家庭环境中挖掘富有诗意的画面。由于莫里索特独特的女性情怀，她被人们赞为“纯洁的天才”，而且把她看作是佛拉贡纳尔之后法国最优秀的室内情景画家。当然，莫里索特对画外光风景也兴趣浓厚。巴黎郊外、塞纳河畔是她常去的地方，她还在意大利、比利时、荷兰等国家留下不少风景画。莫里索特那纵横交错、运用自如的长笔触给观众留下了深刻的印象。

《穿着舞会礼服的年轻女孩》
71 cm × 54cm
1879 年
法国巴黎奥赛博物馆

作为一名印象派画家，莫里索特在绘画艺术上与其他同派画家有某些共同特征，如光、色、用笔等方面，但作为一位女性艺术家，莫里索特的作品有清新、纯洁、微妙的特色。在她潇洒流畅的笔触中似乎含有细腻的感情。

《夏日》
45.7cm×75.2cm，1879 年
英国国家美术馆

Berthe Morisot

第九节 弗雷德里克·巴齐耶

弃医从艺的印象派大师

弗雷德里克·巴齐耶，法国印象派画家。巴齐耶接受了完整的医学教育，但他并未放弃成为一个画家的想法，1862年他在巴黎进修医学专业的时候，被印象派画家和作品所吸引，之后他开始进行全职的绘画工作。巴齐耶很早就完成了他人生的杰作，它们大都以他的日常生活、朋友、聚会和风景、警务等为主题，一如他谦逊、慷慨的性格，他的作品看起来也大气、开阔及宁静。

巴齐耶，生于蒙彼利埃一个信奉新教的资产阶级上流家庭。巴齐耶在巴黎时学习医科和绘画，医科使他厌烦，并很快导致学业的失败，绘画则使他心旷神怡。

巴齐耶在瑞士画家格雷尔的画室习画时，结识了莫奈、雷诺阿、西斯莱三位画家，并很快结为挚友。巴齐耶虽然生活不是十分富足，但能经常帮助他们。巴齐耶时而同莫奈，时而同雷诺阿一起在阳光下作画。人们公认巴齐耶比任何人都更醉心于表现明亮色彩和描绘空气的清新。这在其代表作《夏日一幕》与《家庭聚会》中尤为突出。命运就这样把印象派的先驱们联系在一起，尽管他们自己并不晓得是在为十几年后的画派进行准备。

在创建印象派的画家中，巴齐耶是最积极热情的一个，也是被朋友们认为最有天分的一个。但是到该画派与公众见面这一刻，即1874年举办第一届印象派画展时，巴齐耶却不在他们中间了。巴齐耶参加了朱阿夫团队，并在战争中丧生。新诞生的印象派失去了它最杰出的一员，在随后的一些年中，人们时常忘记这位在战斗中捐躯的画家。

巴齐耶似乎在库尔贝和他本人所代表的印象派之间，起了承前启后的作用。巴齐耶使人们了解到19世纪的美学革命是如何合乎逻辑地连贯发展，并因此在与古典主义的联系方面，远远超过

有关人士的认识。

倘若巴齐耶没有那么早死去，而是像人们可以想见的那样，成为印象派的一位大师，其作品的作用反倒可能不会如此卓越。我们从巴齐耶的画中可以看到惊人的技巧，并且每幅作品都是雄强有力和完整的统一。

《夏日一幕》
158cm × 158cm
1869 年
美国哈佛艺术博物馆

第 406、407 页图
《家庭聚会》
152cm × 230cm
1867 年
法国巴黎奥赛博物馆

第 408 页图
《家庭聚会》局部

第九章

后印象主义

第一节 塞尚

理智客观的现代艺术之父

如果说印象派是将物体的边缘模糊化，那么后印象派主将之一的塞尚则是相反。保罗·塞尚，法国著名的画家，被推崇为“新艺术之父”“造型之父”“现代绘画之父”等。塞尚不同于印象派对色彩与造型的主观处理，而是追求物体体积感，崇尚理智客观的描绘事物，对后来的立体派影响深远。

《戴贝雷帽的自画像》
1898—1900 年
布面油画
波士顿艺术学院

塞尚追求物体边缘的客观描绘，强调几何形式感，有时甚至直接忽略整体效果，以表现独立个体特征为重。在塞尚的自画像《带贝雷帽的自画像》中虽没有几何形式感，但从外貌看，却能表现塞尚的严谨与一丝不苟。

《玩纸牌者》是塞尚的一个题材创作，描绘了法国农夫玩牌的场景。画中的人物专注而略带严肃，对手中的牌不知所措或早已胸有成竹。画中的边缘线突出但很和谐，线条流畅而生动。画面一丝不苟，无论是从结构还是色彩上，塞尚都将物与物之间严谨分割开来，独立却不失整体性。

但最能代表塞尚画面结构性特点的就要属他的静物画了，在《有衬布的静物》与《高脚盘、玻璃酒杯和苹果》中，塞尚将每个静物的边缘都描绘得十分严谨与客观，色彩冷静而自然，就算单独截取其中一个水果，也是完整丰富的。除去静物画，风景画是塞尚一生描绘最多的题材，其中塞尚家乡的景色——圣维克多山是画家最常描绘的。画中的颜色丰富，笔触呈小方块的形象，仔细一看又能看出画中微妙的边缘线，将风景的不同部分分割开来：有重色的地方肯定就有亮色，颜色相近时就用黑色边缘线分离。

塞尚追求物体的表现形式，所以他笔下的静物或风景总让人感觉到一丝仪式感。还有他在色彩与造型方面的创新与成就，对以后的现代艺术产生了标志性影响。

《玩纸牌者》
1892—1895 年
布面油画
法国巴黎罗浮宫

《有衬布的静物》
55cm × 74.5 cm
1895 年
布面油画
俄罗斯圣彼得堡艾米塔吉博物馆

《高脚盘、玻璃酒杯和苹果》
1880 年
46.23 cm × 54.86 cm

《圣维克多山》
1887 年
布面油画
考尔德艺术学院

P. Cezanne

第二节 罗梭

稚拙烂漫的天真者

毕加索曾说他一辈子都在学习孩子如何画画，因为孩子拥有最真实的天真与烂漫。罗梭就是这么一位稀有的天真者，他的作品透露出孩童般的稚拙与简单。观者一看他的作品，仿佛是回到了童年，开始找寻自己内心最稚嫩的记忆，令人温暖而触动。

亨利·罗梭生于一个普通家庭，父亲是一位工人，母亲出身于农民家庭。早年服过兵役，后来在巴黎当了关税雇员，因过于天真而被骗，最后失职。罗梭因为自己的单纯与天真在当时的社会遇到了不少的挫折，但在艺术上，罗梭那孩童般的纯真让他创作出不同于其他画家的作品，原始、神秘，却又质朴简单。

《梦》是罗梭在1910年创作的作品，描绘的是幻想中的原始森林，有奇怪的野兽、少见的植物等，像是一个梦境，却承载了罗梭对世界的美好向往。就像孩童一般，不会顾及结果，只注重创作带给他的快乐。罗梭童稚般的想象力受到了众多的赞赏与肯定。也有评论家称赞道："他的天才胜过了他的天真，应该被追捧为二十世纪艺术的开拓者。"

《沉睡的吉普赛人》是罗梭的另一幅代表作，表现的是狮子与人相遇的场景。画中的吉普赛人在地上沉睡，身旁的乐器也暗示其身份：音乐家。身后的狮子嗅到了她的味道，但还是选择静静地走过，没有充满兽性的将她吞噬。右上角皎洁的月光洒向人与狮子，充满诗意与幻想，令观者遐思。罗梭用他童话般的绘画语言描绘了一个具有超现实主义风格的场面，表达了他对人与狮子和平善处的纯真想象。

罗梭的一生创作了大量关于幻想的作品，我们很难将他归于哪一画派。他一生都致力于营造一个美好纯真的幻想世界，他也活出了孩童般的稚拙简单，不像现实中的人，会欺骗他人。

罗梭《自画像》

第 420、421 页图
《梦》
205cm × 299cm
1910 年
布面油画
美国纽约现代艺术博物馆

Rousseau

《沉睡的吉普赛人》
129.5cm × 200.7cm
1897 年，布面油画
美国纽约现代艺术博物馆

Henri Rousseau

第三节 高更

遗世独立的原始追求者

保罗·高更，后印象三杰之一，也是著名的陶艺家、版画家及雕塑家。他不同于另两位后印象大师，即凡·高、塞尚，他对传统艺术嗤之以鼻，更是反感工业文明社会所谓的进步生活。后来高更抛下了妻子儿女，只身去了塔希提小岛寻求充满原始主义与象征主义的事物，进行艺术创作。所以相比较高更的艺术，人们往往更关心他的生活。

《游魂》
1892 年
布面油画
纽约奥尔布赖特·诺斯克美术馆

高更出生于一个知识家庭，父亲是一位体面的新闻记者，母亲是作家的女儿，从小接受的是优质的高等教育。年轻的高更当过水手、股票经纪人，在 25 岁时开始业余学画，也是这个时候，他结识了印象派大师毕沙罗。受到毕沙罗的影响，高更开始收藏印象派的作品。但后来高更厌倦了城市的喧嚣与繁忙，抛弃妻子与五个儿女，独自带着行李去了南太平洋岛塔希提。也是在那里，高更创作了他最为著名的作品。

《裸体习作》是高更在 1881 年在“独立派”画展上展出的一件作品。不管是在色彩还是构图上，我们都能感受到印象派的一些特征，因为这幅作品在一定程度上受到了毕沙罗的影响。当时还有一位评论家评论道：“这幅画显示了一位当代艺术家无可争辩的气质 ...... 整个身体，耷拉在大腿上的微微隆起的腹部，多么的真实与自然，令人感动。”

高更在塔希提小岛另娶了一位土著妻子，这幅《游魂》就是以她为模特创作的。当时的情景是这样，高更出门后深夜才回到家，进门就看见了躺在床上一丝不挂的土著妻子。“她用惊恐而无辜的眼神望向我，好像不认识我一样”“她从来没有这么动人过，就像是被幽灵附体的那样，神秘的美”，第二天高更就画了这幅被认为是高更代表作之一的《游魂》。

谈起高更的代表作，《我们从哪里来？我们是谁？我们到哪儿去？》可不能忽略。因为这不仅是高更绘画生涯中最为著名的作品，同时也是他最大的作品。这幅油画的意义超越了高更之前的作品，因为它的意义已经上升到了哲学的领域。这三个问题：我们从哪里来？我们是谁？我们到哪儿去？是哲学的三大终极问题。高更将对人生的哲理性思考与原始的自然相联系，用可视化的艺术语言表达了抽象的精神隐喻。

对原始主义与象征主义的追求，使得高更的作品变得更加神秘，令人思索。但高更的艺术也给了我们新的启发：艺术不仅是要观者欣赏的，还要观者思索。

上图
《我们从哪里来？我们是谁？我们到哪儿去？》
139cm × 375cm
1897 年
布面油画
波士顿艺术博物馆

下图
《裸体习作》
114.5cm × 79.5 cm
1880 年
布面油画
嘉士伯艺术博物馆

第四节 凡·高

星空下的忧郁青年

文森特·凡·高，荷兰著名画家，后印象派三杰之一。同时也是一位生命短暂的天才画家，年仅37岁就开枪自杀。他将痛苦与忧郁留给自己，把梦幻星空与灿烂的向日葵给予了我们。精神病的困扰让他成为星空下的忧郁青年，而积极的心态也让他成为向往阳光的乐观者。

凡·高出生于一个典型的基督教牧师家庭，从小在宗教的熏染下成长。青少年时就开始在美术公司当职员，因工作原因游览了众多的博物馆、美术馆。后来在家人的影响下，凡·高决定做一名牧师，开始虔诚的传教。但内向而不善言谈的凡·高在传教中屡受挫折，最后也被教会撤职。这也是促进凡·高后来成为画家的重要原因之一。凡·高从1800年，也就是27岁时开始学画，同年，凡·高住进了圣雷米精神病院，开始接受漫长而痛苦的治疗。

凡·高在生前的10年里画过风景画、肖像画、素描等，其中最为著名的画作都是凡·高在最后三年里创作的。1887年创作自画像时还是凡·高比较清醒的时候，但从凡·高眼里我们也能看见画家的忧郁与悲伤，跳动活跃的色彩让观者心动又心碎，仿佛下一秒一切都会消逝。1889年凡·高的精神病加重，将自己的耳朵割了下来并且寄给了自己喜欢的妓女。《有绷带和烟斗的自画像》就是这个时期创作的，自画像中的凡·高虽表现得镇定冷静，但沧桑和布满血丝的双眼与刺眼的红色背景却出卖了他焦灼无奈的真实心理。同年的凡·高还画了一幅自认为神志正常的自画像，冷静的蓝绿色调，镇定的表情，坚定的眼神，都与之前有强烈色彩的自画像形成了巨大反差，给观者震撼与感动。

《麦田里的乌鸦》是凡·高最后一幅画，也是凡·高最具激烈争议的画作之一。画中的路没有尽头，像是比喻凡·高遭受疾病折磨的漫长。麦田上的乌鸦像是受到了惊吓，开始在天空中乱飞，黑

《向日葵》
95cm × 73cm
1889 年
布面油画
阿姆斯特丹凡·高博物馆

色乌鸦与明亮跳跃麦田的对比让画面显得不安，像是暗示着什么。因为凡·高在完成这幅画后，就举枪自尽了。所以后来有人说这幅画是凡·高的“遗书”。

凡·高的一生虽短暂，但留给后世的艺术价值是永恒的。痛苦与忧伤并不是毫无意义的，因为正是痛苦才让我们知道快乐是多么重要与可贵，也正是痛苦，才让我们更加体会生命的意义。正如凡·高说的："痛苦便是人生。"

《自画像》
41cm×32.5cm
1887 年
布面油画
芝加哥艺术学院藏

《星空》
73cm × 92cm
1889 年
布面油画
纽约现代艺术博物馆

《麦田里的乌鸦》
50.5cm × 103cm
1890 年
布面油画
阿姆斯特丹凡·高博物馆

第五节 修拉

富有灵感的点彩画先驱

乔治·修拉，法国著名画家，早年研习了古典主义的绘画技法，后来转向学习罗浮宫中大师的作品，对色彩与光学尤为感兴趣，后来与西涅克共同创办了新印象艺术流派，专攻点彩对于自然界光色的描绘与表现。修拉一生的作品不多，但其中大部分都代表了新印象派的主流风格，所以有人认为修拉的去世标志着新印象主义的结束。

修拉毕业于巴黎高等美术学校，学习了学院体系的绘画技法，培养了扎实的素描基础，这对后来修拉准确严谨的造型有重要影响。毕业后的修拉又转向了罗浮宫，开始临摹，学习大师的绘画，比如古典主义代表人物安格尔和浪漫主义先驱德拉克洛瓦等，所以在修拉的画中，既有古典学院派准确的造型，也有浪漫主义般绚丽多样的色彩。

《大碗岛的星期天下午》不仅是修拉的代表作，也是新印象派代表作。画中描绘的是位于巴黎岛附近的一个岛上公园，人们聚集在这里游玩，与家人朋友一起度过悠闲欢快的周末。修拉有意将画面分成了两个部分：近景处的阴暗部分与中景近景的受光部分，拉开了光的对比，突出小岛的纵深感与空间感。画中有的人躺着，有的人站立，有两两交谈的，也有独自一人落寞的，还有小狗在一旁嬉闹......画面中人物丰富又不显得杂乱无章，因为修拉用橙红色作为画面的色彩线索，贯穿于整个画面，清晰明了，也不会使人觉得视觉劳累。还有画中互补色的运用，绿色与红色的对比，增添了画面的生动感，让人感觉鲜艳又饱满。《塞纳河与大碗岛的春日》是修拉同年创作的作品，也是运用点彩的技法与互补色的对比来显现大碗岛的光色变化。大碗岛除了晴朗明亮的天气，当然也有比较阴沉灰暗的时刻，《大碗岛的灰色天气》

就是修拉所绘的不一样的大碗岛，画面如河面般寂静，让人不由得安静下来。

修拉一生恪守着新印象画派的基本准则，用点彩来描绘自然界完美和富有变化的光色。他是 20 世纪抽象绘画的先驱，他的色彩搭配也影响了后来众多的现代主义画派。

《格兰德·加特的阴天》
70.49cm × 86.36cm
1888 年
美国纽约大都会博物馆

第 436、437 页图
《大碗岛的星期天下午》
207.6cm × 308 cm
1884—1886 年
布面油画
芝加哥艺术学院

第 438、439 页图
《杂耍秀》
99.7cm × 149.9cm
1887—1888 年
美国纽约大都会博物馆

第六节 西涅克

炽烈的多样画家

保罗·西涅克，法国画家，与修拉共同创立了新印象点彩派。西涅克的绘画富有激情与动态，擅长运用红色作为画面基本色调，色彩鲜艳明亮，具有强烈的视觉冲击力。同时，除了画家的身份，西涅克还是一位伟大的航海家和作家，是一位才华横溢的多样艺术家。

早年的西涅克在巴黎学习建筑，后来转学绘画，与另一位点彩派画家修拉结识这使西涅克更加明晰自己的艺术路途，开始接受新印象主义理论，并且成为新印象主义的主要宣传者。西涅克性格狂热，与修拉相比，西涅克的画面色彩更为炽烈鲜明，笔触也较为奔放自由。

在《带雨伞的女人》中，大面积的互补色相互映衬，在对比中突出人物的形象，以色彩的冲击，引起观者的视觉反应。远看是色块的分割与形体的分离，但近看是各种小彩点的组合与互容，是颜色与颜色之间内部的视觉碰撞。风景画是西涅克常选取的题材，也是其最擅长的题材。观看《和睦时分，黄金时代不是在过去，而是在未来》，我们可能会想到修拉的代表作《大碗岛的星期天下午》。在这幅作品中，西涅克学习了修拉的构图手法，描绘了一个春日和煦的下午，人们在草地上娱乐的情形。通过对这一派和睦景象的描绘，表达了西涅克对未来欢乐的期盼与珍惜，也警示着观者，珍惜未来，珍惜自己的黄金时代。《圣特鲁佩斯海港》是西涅克另一幅代表作，远景中的红色基调与近景处的深紫色阴影形成强烈对比，突出了海港的空间感，同时，灵活的点彩也表现了圣特鲁佩斯海港丰富的光色变化。

西涅克的好友菲利克斯曾评论他道：“他的色彩像海浪般扩散着，分出层次，碰撞着，互相渗透着，形成一种曲线美。”通过西涅克作品所呈现的奔放，我们也能感知他那多样化并且炽烈狂热的性格。

《带雨伞的女人》
81cm × 65cm
1893 年
布面油画
法国巴黎奥赛博物馆

《圣特鲁佩斯海港》
81cm × 65cm
1901 年
布面油画
东京西方艺术博物馆

第 444 页图
《圣特鲁佩斯海港》局部

第十章

现代主义

第一节 克林姆特

迷恋世纪之吻的忧伤者

古斯塔夫·克林姆特，维也纳分离派的开创者，奥地利的表现主义画家。克林姆特的艺术深受拜占庭镶嵌画和东欧民族的装饰艺术影响，并且吸收了荷兰象征主义的精髓，所以他的作品既有丰富的装饰性又有些许现代派的怪诞神秘感，让人一眼望去，难以忘怀。

《三个年龄段的女人》是克林姆特于1905年创作的。用象征性的手法描绘了女人的一生——幼年，青年，老年。将女人这三个不同时期的状态浓缩在一起，互相交织着，令人感叹人生的不可逆转与瞬时性，也表现了画家对青春的眷恋与不舍。

但要说到克林姆特的代表作，他描述爱恋的《吻》可谓是享誉世界。《吻》全幅以金色为主色调，这也是画家常用的色调，金色象征着丰收与愉悦，画中的情侣依偎着，正孕育着爱情的果实，甜蜜而美好。但画家并没有选择他们互相亲吻的场景，而是定格在男人向女人吻去的那一刹那。女人脸上的红晕正是幸福的征兆，流动的线条与装饰物也暗示着一种难以遏制的欲望。情欲、欢愉、满足是克林姆特作品中始终如一的追求。在1907年，克林姆特为奥地利的富商费迪南德·布洛赫·鲍尔的妻子画了一幅特别的肖像画，因为克林姆特用了拼贴金箔的方法创作，新颖而豪奢。画中的阿黛尔身穿一件富有装饰性的金色露肩长裙，双手轻放在胸前，眼神轻柔望向画外，显得优雅庄重，自然动人。闪耀的金箔也凸显了阿黛尔身份的华贵，将模特的气质与绘画风格融合得极为贴切。后来这幅画被誉为“奥地利的蒙娜丽莎”。

克林姆特的画总是充满繁复的装饰性小图案，这也构成了画家独特的艺术风格。克林姆特迷恋“吻”，但他也将忧伤与颓废

融入其中，因为爱情本不是完美的，它也会令人受伤与痛苦。比起虚假的完美，克林姆特宁愿让爱人在忧伤里感受最真切的美好。

《三个年龄段的女人》
180cm x 180 cm
1905 年
布面油画
罗马国家现代美术馆

《吻》
180 cm × 180 cm
1907—1908 年
布面油画
奥地利维也纳国家美术画廊

《阿黛尔·布洛赫·鲍尔的画像》
138cm × 138 cm
1907 年
布面油画
美国纽约新艺廊

第二节 蒙克

孤独的黑色天使

爱德华·蒙克，挪威表现主义油画家，现代表现主义绘画的先驱，他的绘画带有强烈的视觉冲击力与震撼力，充满了悲剧与忧伤。后来的毕加索、马蒂斯等大师也从他的画中得到启发，学习如何表现自己强烈的主观情绪，对后来的德国表现主义也产生了关键影响。

蒙克的一生就像他的绘画一样，悲惨而忧郁。五岁时的小蒙克就失去了母亲，从那之后蒙克的父亲开始敏感暴躁，母亲的死让他接近于崩溃。后来蒙克的姐姐又死于肺结核，家人的离去，父亲的敏感使蒙克从小就形成了阴郁内向的性格，后来患上了重度的被害妄想症，并且变得像他父亲一样敏感。

蒙克的悲惨生活对他的绘画创作产生了重大影响。蒙克的名作——《呐喊》的创作背景：是某日夜晚，蒙克一人在桥边散步时突发的灵感，他后来回忆起说道："我那时疲惫不堪，病魔缠身。我停下脚步，朝着另一方看去，太阳正缓缓落下，云像被鲜血染红。我听见一声惊恐的惨叫声。于是我画了这幅画，云彩是血的颜色，我要让色彩去呐喊。"画的前面是一个双手捂住耳朵，正在尖叫的幽灵，仿佛他的眼前出现了一幕骇人的惨象。画面的笔触仿佛追随着幽灵的恐惧一起呐喊，整幅画透露出虚幻惊恐的情绪，看久了观者也会不由得害怕起来。

《生命之舞》描绘的是海边聚会的场景。但画面前景的三位女性却有深刻的隐喻含义：左侧穿白色裙子的暗示着向往恋爱的处女，中间穿红裙子跳舞的暗示着沉溺于爱情中的妓女，右侧身着黑色裙子的则暗示着失去爱情、变得憔悴的伤心女人。画面后景的声色犬马则象征着肉欲和享乐。在《生命之舞》中，蒙克用三位不同的女性来展示女人在爱情中不同阶段的变化，表现了一

第 453 页图
《青春期》
151.5cm×110cm
1894—1895 年
布面油画
挪威国家美术馆

《呐喊》
1893年
91cm×73.5cm
挪威国家艺术馆

种蒙克式的人生哲思。在《青春期》中蒙克也描绘了少女的形象，半夜第一次来月经的少女紧张而羞涩，双手搭在腿上，暗示着保护自己。蒙克以细腻敏感的洞察力，描绘了少女青春期的真实内心世界。

阴郁悲惨的人生让蒙克在艺术上的敏感甚于其他画家，这种敏感也让蒙克更加懂得表达自己内心的主观世界。看他的画作，就仿佛让我们更加勇敢地直观了惊恐，更加了解自己的内心。

《生命之舞》
125cm × 91cm
1899—1900 年
布面油画
挪威国家美术馆

第三节 劳特累克

隐秘而躁动的“蒙马特尔”之魂

亨利·德·图罗兹·劳特累克，后印象派画家，同时也是海报设计与石版画艺术先驱，被称为“蒙马特尔”之魂。劳特累克受到印象派大师莫奈与毕沙罗的影响，其作品色彩明亮鲜艳，又融合了日本浮世绘的画法，开创了独特的绘画写实技巧。劳特累克擅长画人物画，对象以下层阶级为主，如蒙马特尔一带的舞者、妓女等。笔触精炼而富有动感，描绘光色的同时也注重边缘线的强调，有印象派的气息又与他们截然不同。

劳特累克出生于贵族家庭，从小衣食无忧，接受了良好的家庭教育，后来爱上了绘画，母亲也是全心支持其创作。但劳特累克自出生就有先天性缺陷，发育不全，年仅 37 岁就逝于法国。

劳特累克虽身为贵族，但他在艺术创作上却极其关心下层人民，特别是下层阶级的女性。《洗熨衣物的女工》是劳特累克于 1886 年创作，描绘的是洗衣女工正专心看向窗外的情景。女工左手支撑在桌子的边缘，眼神专注，似乎是在劳累间隙下休憩，以此来放空身心。《洗浴》描绘的是女人坐在浴室的地板上发呆或者思索的情景。劳特累克只选取了模特的背影，让观者自行猜测其表情，神秘而奇异。《红磨坊的歌舞团》是劳特累克代表作之一。当时巴黎的一所高级酒店开张，邀请劳特累克为其创作海报。劳特累克一改传统，用色彩与文字，再配合模特生动的姿势，成功吸引了大量的消费者。这时期的劳特累克创作了大量的红磨坊作品，让他名噪一时，虽然也被不少人士抨击，但劳特累特毫不在意。

劳特累克的画作充满了神秘，因为我们不知道模特的表情，或者被掩饰的很完美。他的画表面冷静，没有大的冲突，但是色彩的活跃却暴露了他内心的躁动与不安。

《洗熨衣物的女工》
1886 年
布面油画
私人收藏

《洗浴》
1889 年
67 cm × 54 cm
布面油画
法国巴黎奥赛博物馆

第 459 页图
《红磨坊的歌舞团》
128cm × 94 cm
1895 年
布面油画
莱因哈特博物馆

Jane Avril
HLautrec
93
Dépot Chez Kleinmann
8, Rue de la Victoire
IMP. CHAIX, 20, Rue Bergère

第四节 康定斯基

抽象艺术的先驱者与理论家

瓦西里·康定斯基，出生于俄罗斯的美术理论家和画家，与蒙德里安、马列维奇一起被称作抽象艺术的伟大先驱。康定斯基不仅是抽象艺术画家的代表人物，他还是位富有学识的理论家，1911 年出版了《论艺术的精神》，1912 年出版了《关于形式的问题》，1923 年出版了《点，线，面》，这些都是抽象艺术的经典著述，也成为后来学习抽象艺术史的权威读本。

康定斯基出生于俄罗斯莫斯科，在敖德萨度过的童年。后来在莫斯科大学攻读经济学与法律。1896 年转去慕尼黑学习绘画，即当时盛行的油画、素描与水彩。后来与蒙德里安，马列维奇一起成立了一个为时不长但深具影响力的艺术团体——“青骑士”。在绘画初期，康定斯基创作了大量的油画风景，有《敖德萨港口》

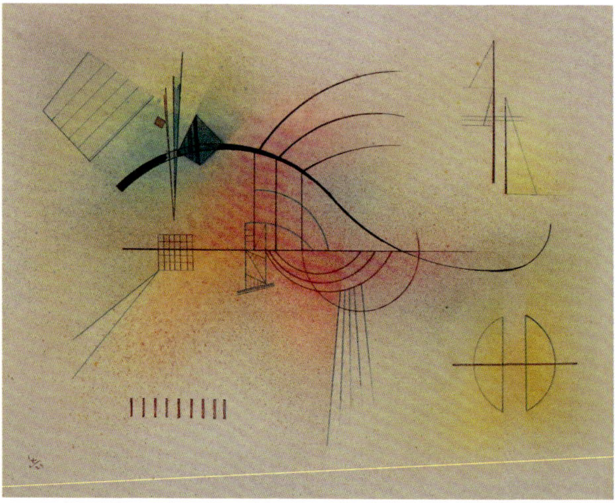

《线条》
35.5 cm × 43.5 cm
1929 年
水彩、钢笔、墨水、纸
私人收藏

第 461 页图
《微妙的张力》
35.5 cm × 25 cm
1923 年
水彩、墨水、纸
西班牙马德里索菲亚王后国家艺术中心博物馆

《慕尼黑的住宅楼》《蓝骑士》《鹿特丹的天气》等。这时的康定斯基绘画语言还是传统写实性的，有较强的装饰性。

但在后来康定斯基与蒙德里安还有马列维奇成立了“青骑士”后，画风巨变。画面语言开始变得抽象起来，从早期的可辨识的绘画语言到后来只有色彩、点、线与块面的存在。在《线条》和《微妙的张力》中，形象的事物已经不复存在，取而代之的是一系列随性的、仿佛不假思索的“图案”或者块面。不同色彩与各样形状的碰撞使画面仿佛充满了原始神秘主义，画面并不是在述说具体的神秘事物，而是在表达一种精神内镜与共鸣。正如康定斯基说的：“色彩和形式的和谐，从严格意义上说必须以触及人类灵魂的原则为唯一基础。”

在后来的《圆中圆》里，康定斯基更是将这种形式语言发挥到了极致。画面只存在线条、大小不一的圆和大方块，理性的形状与设计，与感性的色彩搭配相融合，令人联想到音乐的旋律与跃动。

康定斯基将个人幻想倾注于画面之中，用理性冷静的设计与构图表达律动的音乐感，抒情，即兴又激荡。

《圆中圆》
98.7 cm × 95.6 cm
1923 年
油彩、画布
美国宾州费城艺术博物馆

第五节 维亚尔

安静祥和的“酱色调”画家

爱德华·维亚尔，图形艺术家，内景主义画派的领袖之一，与皮耶·博纳尔等人共同组建了纳比派团体。维亚尔的画作大多选材于室内场景，描绘亲戚友人的日常生活。画中繁复的小图案也是维亚尔的独特风格之一，地毯、窗帘、桌布等生活用品成为维亚尔重点突出其装饰性的对象。

维亚尔出生于一个普通家庭，父亲在他少年时期去世，母亲是一位纺织女工。所以幼年的维亚尔就常常能观看女工纺织的场景，对纺织物也尤为熟悉，所以在后来维亚尔画了大量的描绘女工工作的油画，画中也经常出现精致的纺织物品。

“艺术应该是精神的创造物，自然界只是一种机遇，艺术家应该从主观上重新安排它们。”所以维亚尔坚信美是需要观念化与装饰化的，他反对学院派艺术，创作了用主观意识改变事物并且具有装饰性的作品。《早餐》中描绘了一位正在享用早餐的女士，看似画中都是色彩块面，近看却发现事物相接处有黄褐色的边缘，这种黄褐色经常出现在维亚尔的画中，他的画面色调常被称为“酱色调”。装饰性的事物会出现在一切维亚尔认为是画面重点的地方。在《穿条纹裙子的女人》中，女人白红色条纹相间的衣服成为画面的点睛之处，也是维亚尔的经典之处。女人的裙子与背景的颜色融合，既突出了主题人物，又将人物与背景的关系描绘得极为紧密融洽。前景的女人与后景中完全进入背景的女人形成对比，拉开了画面的空间感。《郊外的花园》是维亚尔少有的室外场景作品，明亮闪耀的光斑映在房屋与地面上，不同于纳比派其他成员喜爱描绘受光部的光色变化，背光的阴影部分成为维亚尔最迷恋刻画之处。没有强烈光线的照耀，事物好像变得更加清晰与温柔，颜色更加本真。

《早餐》
1894 年
布面油画
华盛顿国家博物馆

光影不单单存在于室外的艳阳之下，室内的光虽然柔和，但这一种柔和也正是室内给予人安全感的来源之一。维亚尔笔下的室内给人亲近与沉醉，“酱色”的画面基调也让人觉得安静稳定，是一种发自内心的安静祥和的氛围。

《穿条纹裙子的女人》
1895 年
华盛顿国家博物馆
保罗・梅隆夫妇收藏

《郊外的花园》
1923 年，布面油画
纽约大都会博物馆

第六节 马蒂斯

色彩派对中的狂欢者

亨利·马蒂斯，法国著名画家，雕塑家与版画家，同时也是野兽派的创始人与代表人物，以用色鲜明大胆而著称。马蒂斯的作品风格显著，从色彩上即能辨识，特别是各种互补色的运用，在对比之中突出主体，包括率直简约的构图方式，都是马蒂斯的个人风格特点。

马蒂斯出生于法国一个经商家庭，早年被父母建议去学习法律，但在马蒂斯21岁时，他疯狂迷恋上了绘画，并且一发不可收拾。他自己描述道："我好像被召唤着，从此以后我不再主宰我的生活，而是让他主宰我。"后来固执的马蒂斯就转去学习绘画，在1892年考入美术学院，并且跟随象征主义大师莫罗学习。

马蒂斯早期的作品也较为写实，规矩的形体与色彩的运用，都是学院派体系所教与马蒂斯的。后来从美院毕业后，马蒂斯受到了新印象派的影响，特别是新印象派中对色彩的诠释与运用。所以后来的马蒂斯开始大胆使用纯色，并且用对比大的色彩的结合来凸显主体。作品《红色的和谐》与《马蒂斯夫人的肖像》中都有典型的马蒂斯绘画风格。1909年时马蒂斯创作了他平生最为出名的画作——《舞蹈》。马蒂斯是受当时一位俄罗斯商人的委托，为其绘制了两幅大型装饰画，分别是《舞蹈》与《音乐》。其中《舞蹈》的线条流畅干练，色彩分明，画面纯粹干净。舞者舞动美感的身姿与画面的空间融合在一起，仿佛动感的舞蹈引领着静态的艺术，在马蒂斯的大胆色彩下两者完美结合。

马蒂斯的艺术创作结合了众多西方艺术流派的优点，同时也有东方艺术的装饰与平面特色。马蒂斯的画作仿佛是一场色彩的狂欢，画布上的颜色都展现派对高潮时的欢愉。

《红色的和谐》
180cm × 220cm
1908 年
俄罗斯圣彼得堡艾尔米塔什美术馆

第 470、471 页图
《舞蹈》
269cm × 391cm
1910 年
圣彼得堡艾尔米塔什博物馆

《马蒂斯夫人的肖像》
1905 年
布面油画
斯塔恩博物馆

第七节 蒙德里安

崇拜直线的风格派先驱

皮特·科内利斯·蒙德里安，荷兰著名抽象艺术画家，风格派运动的幕后艺术家和非具象绘画的创始者之一。蒙德里安的作品不仅影响了后来的现代主义画派，还对后世的建筑、设计工业等有巨大影响。他以几何图形为基本绘画语言，提倡自己的艺术“新造型主义”，主张“纯粹抽象”，艺术应脱离自然的外在形式，以表现事物的内在精神为宗旨。

蒙德里安出生于荷兰，父亲是位爱好艺术的小学校长，家庭环境温馨且自小就接受了良好的教育与艺术熏陶，所以八岁时蒙德里安就立志要当一位画家。

蒙德里安的绘画可以分成不同的时期，分别是阿姆斯特丹时期，立体主义影响时期，风格派时期，转变时期，伦敦时期与纽约时期。这几个时期分别代表了蒙德里安不同的绘画风格，在转变时期后，蒙德里安创作了他最为著名的一系列作品——“红黄蓝系列”。如《画面 1》《红黄蓝组合 2》《组合 10》，画面只有三种色彩——红，黄，蓝，被黑色线条分割成不同大小的块面，画面简洁理性富有装饰感。后来著名的服装设计师伊夫·圣·劳伦受此影响，还设计了一系列红黄蓝的服装。蒙德里安的绘画过程正如他自己所描述的：“我一步一步地排除着曲线，直到我的作品最后只由直线与横线构成，形成诸如十字形，各自互相分离地隔开 ...... 直线和横线是两相对立的力量的表现；这类对立物的平衡到处存在，控制着一切。”蒙德里安在块面与线条中寻找自然与精神的平衡，追求着“绝对的境界”。所以也有人称蒙德里安的绘画风格为“冷抽象”。

极简的绘画语言并不是只能述说单一苍白的画面内容，蒙德里安的直线、直角、原色，是在绘画中做了极致的减法后所呈现的，同时也是一种追求平衡的结果。

《画面 1》
1921 年
布面油画
海牙市立博物馆

《红黄蓝组合 2》
1930 年
布面油画
苏黎世博物馆

《组合 10》
1939—1942 年
布面油画
私人收藏

第八节 马列维奇

唯一的至上主义艺术家

卡西米尔·赛文洛维奇·马列维奇，俄国著名画家，几何抽象画派的先驱，也是至上主义的奠基人。马列维奇开创的至上主义堪称是传统绘画时代终极的标志，彻底放弃了绘画的描绘性语言与传统要义，也抛弃了对于绘画再现三维的呈现方式。用几何形体语言构成画面基调，奔放而具有动感，充满现代主义意味。

马列维奇早期也接受了严谨传统的西方美学教育，随后受到了塞尚、高更和马蒂斯的影响，后来遇见了志同道合的康定斯基与蒙德里安，三个人都是几何抽象主义的先锋。至上主义的成员几乎只有马列维奇一人，用形式极简的几何形体充当艺术语言，描绘具有韵律感与形式感的画作。

《一个英国人在莫斯科》是马列维奇 1914 年创作的作品。这时候的马列维奇正专注于图表形式的拼凑与组装，半招贴式的创作手法。在这幅画中，有文字、剪刀、教堂、蜡烛、锯子、鱼等事物，马列维奇用一种具有独特私密性的逻辑将各种无关紧要、互不联系的事物拼凑起来，显现细微无意义、无聊的意味，同时也具有强烈的构成感与形式感。

1915 年马列维奇展出了他的第一幅至上主义作品——《白底上的黑方块》，描绘的是一个白色画布上的黑色正方形。这一简约新颖的构图也成了至上主义产生的标志。马列维奇还强调到："至上主义是艺术中的绝对最高真理，他将取代所有存在过的画派。"1927 年包豪斯出版的丛书有对至上主义做出一定的诠释："再现一个物体本身（客观性是再现的目的）是与艺术无关的东西 ...... 对象本身对他来说是无意义的，而有意识的观念也是无价值的。感情才是决定性的因素。"后来马列维奇创作了多幅相似风格的至上主义作品，如《白上白》等，至上主义艺术逐渐成为

《一个英国人在莫斯科》

ЗА
ТМЕНІЕ
СКАКОВОЕ
ОБЩЕСТВО
ЧАС
ТИЧ
НОЕ

上图
《白底上的黑方块》
1923 年
布面油画
俄罗斯圣彼得堡博物馆

下图
《白上白》
1918 年
布面油画
纽约现代艺术博物馆

一种重要的视觉语言。

马列维奇的作品既透露出一种理工科的理性与冷静，又有艺术性的色彩语言与跃动。

第九节 毕加索

现代艺术的创始人。

巴勃罗·路易斯·毕加索——一个有深邃而忧郁的双眼，充满野性和欲望的男人，西班牙画家、雕塑家，现代艺术的创始人。同时他也是艺术史上少有的“名利双收”的画家之一。

毕加索自幼生活在一个被女人包围的家庭，母亲和姐姐们的宠溺，导致后来他对来自女性的爱慕有强烈渴望。同时，这些女人也深刻影响了毕加索的整个艺术生涯。女人，是他创作的灵感缪斯，也是他画布上的灵魂。他的不同创作时期可根据他生命中最重要的几个女人而划分，其中就有蓝色时期、粉红时期、立体主义时期、古典时期和超现实主义时期等。

蓝色时期的毕加索，生活潦倒，受到西班牙式的忧伤主义影响，他这一时期的作品大多是郁闷的蓝色色调，充满了忧郁和孤独，如《牵马的少年》。直到毕加索遇见了他的初恋——房东的女儿费尔南德·奥利维耶，初尝爱情禁果的他，沉溺于甜美少女的同时也进入了粉红时期。这一期间毕加索从阴郁的蓝色色调改为甜蜜欢快的粉红色色调，也开始受到画坛关注。

青年时代的毕加索常在巴塞罗那生活，对巴塞罗那的著名红灯区——亚威农大街非常熟悉，当时毕加索被认为是巴黎画坛最有前途的人，他也开始琢磨起他的新作。他从亚威农妓女身上汲取灵感，以五位出卖爱情的妓女为对象，并借鉴了非洲土著人的艺术手法创作了《亚威农少女》。线条粗犷有力，简洁果断，从五个不同的角度描绘这五位眼神空洞的少女，似乎在述说放纵性欲的下一步就是走向死亡的深渊。同时毕加索也将黑人雕刻的精髓灌注于画中，使作品充满了原始欲望和野性魅力。这幅作品也打开了法国现代立体主义的大门，毕加索由此进入了他的立体主义时期。

后来毕加索在罗马为俄罗斯芭蕾舞团设计布景时邂逅了芭蕾舞者奥尔加，与之结婚并开始周旋于上流社会。毕加索也开始研

《牵马的少年》
1863年
克利夫兰美术馆

究学院派的绘画风格，他的画作变得规整写实，开启了他的古典时期。但后来奥尔加脾气暴躁，逼走了天性向往自由的毕加索，他转身又遇见了小他29岁的玛丽。青春洋溢的少女玛丽让毕加索重拾生活的激情与快乐，他开始大胆把人体分离重组，色彩变得更加鲜明跳跃，以体态丰满的玛丽为模特创作了他的代表作之一《梦》，这也是毕加索体现对精神和肉体的爱最完美的作品。现

《**格尔尼卡**》
349.3cm × 776.6 cm
1937 年
布面油画
西班牙马德里索菲亚王后国家
艺术中心博物馆

《亚威农少女》
1907 年
243.9cm × 233.7cm
1907 年
纽约现代艺术博物馆

收藏在马德里国家美术馆的《格尔尼卡》也是毕加索盛期的作品之一，描绘了被法西斯纳粹轰炸的西班牙小镇格尔尼卡。

有人说毕加索是一个被女人宠坏的孩子，也有人说他是“胡乱画画”，但无论怎样，这个走在街上都会停下脚步观看小孩子画画的人，对艺术的敬畏和崇拜也足以使他在艺术史上留下重重的一笔。

第十节 爱德华·霍普

夜游的孤独行者

爱德华·霍普，美国著名画家，以擅长描绘孤寂的美国现代都市生活景象为名。霍普的画作中要么是纯风景，要么就只出现一两个人物，用辽阔的背景衬托画中人物内心的落寞孤寂，特别是在都市风景中，这种孤独最为明显和触动人。霍普的画风属于写实油画，后来有评论家将霍普及其学生称为“垃圾桶画派”。

霍普出生于纽约州，早年学习的是商业艺术。完成学业后，霍普前往欧洲继续深造，对写实主义绘画尤为感兴趣，这对后来霍普个人风格的形成具有重要影响。

霍普的绘画具有强烈的线条分割和块面感，诡异的灯光也是其特点之一。普通场景是霍普最喜爱的题材，将寂寥与孤寂的情感倾注于平凡的加油站、汽车旅馆或街道等。这些普通场景也是我们在生活中经常接触的，看到霍普的作品，就会将这种孤寂感带入自己的心境，从而产生情感共鸣。《夜游者》是霍普的代表作之一。几位孤独的顾客坐在城市中24小时营业的餐馆里，餐馆中的灯光异常明亮，与外面的黑暗街景形成强烈对比，虽然画中有三四个人，但孤独的氛围却溢于画外。特别是那位背向观者的顾客，落寞的背影，令人不禁想象黑色帽檐下满怀哀愁的面容。在《宾馆休息室》中，安静看书的年轻女士，准备离去的中年绅士，半躺在沙发上的女伴，他们虽身处同一休息室，但霍普却将他们刻画得几乎没有任何心灵上的联系。不同于《自动售货机》中纯粹的个人孤独，这是一种众人的孤独。

霍普笔下的孤独不仅仅是一个人的孤独，他要描绘的，是一群人的孤独与忧郁。城市是纷杂与喧闹的，外表看似繁华热闹，身处其中的人实则却是无比孤寂的。即使身处众人之中，我们自己，也始终是独立而孤独的。

《夜游者》
1942 年
布面油画
芝加哥艺术学院收藏

LLIES
EDWARD HOPPER

《自助餐厅》
1927 年
布面油画
得梅因艺术中心

《宾馆休息室》
1943 年
布面油画
印第安纳波利斯艺术博物馆

第十一节 莫迪里阿尼

被拉长的忧伤

阿梅代奥·莫迪里阿尼，意大利著名画家，雕塑大师布朗库西的学生。莫迪里阿尼学习了布朗库西简洁处理绘画对象的手法，又汲取了后印象派大师塞尚如何表现结构的方法，将人物的形体拉长，使画面生动而富有一种韵律的节奏美。

莫迪里阿尼出生于托斯卡纳的一个犹太人家庭，父亲是一位商人，母亲是教师。从小家境优越，衣食无忧，但莫迪里阿尼自幼体弱多病，经常缺课，所以学习成绩不佳。后来考入了威尼斯美术学院跟随布朗库西学习艺术。

莫迪里阿尼笔下的女性人物都是经过拉长与夸张变形了的，没有像毕加索作品那么抽象难以辨识，也没有古典绘画那么形象写实，但可以肯定的是莫迪里阿尼的艺术，既典雅又表现，是一种混合的美感。《斜躺在蓝色靠垫上的裸女》是莫迪里阿尼于1917年创作，画中的模特毫不羞涩地伸展着身姿，坦然镇定，眼神空洞又带有一种激情。莫迪里阿尼在36岁时不堪贫困与病痛的折磨，选择了自杀。所以这种空洞的忧郁也是莫迪里阿尼自身的气质。在莫迪里阿尼死后，与他生活在一起的模特与妻子也随即殉情。《画家妻子的画像》就是莫迪里阿尼为妻子创作的画像之一。微微右偏的头，拉长的脸与身体，轻松自然的手，将画家对妻子的熟悉感与依赖感生动地表现出来。

莫迪里阿尼的一生短暂而富有争议，正如法国诗人卡柯曾写到莫迪里阿尼："他的一生有贫困与烦恼，记录了因为与世格格不入而摆脱平淡无奇的愿望。它具有一种想要出人头地的特征，并且表明了对惩罚的渴望和达到目的的愿望。"

第492、493页图
《斜躺在蓝色靠垫上的裸女》
65.4cm × 100.9cm
1917年
美国华盛顿国家美术馆

modigliani

《画家妻子的画像》
1918 年
布面油画
诺顿西蒙博物馆

第十二节 莱热

追求工业社会下的原始情怀

费尔南·莱热，法国著名画家，立体主义运动的领袖之一。莱热的创作题材常来自于工业文明所制造的产物，他把人的形象与工业产物融合在一起，使画面具有理性机械感，因此也有人将之称为“机械立体派”。

莱热出生于法国的阿尔让登，早年时期服过兵役，受到塞尚、毕加索与布拉克等人的影响。莱热早期本学习的是印象派与野兽派的绘画，但在1907年看完塞尚的作品展后，受到启发，开始转变风格，并且重视圆柱体与球体在画面上的表现。由于莱热在一战时曾应征入伍，作为一名工兵，他与矿工、铁木工等人为伴，见识了大量的工业文明下的产物，各种机械。莱热回忆起当时：“我突然被抛入一个令人眩目、新奇的世界......被大炮弄得眼花缭乱。”所以渐渐的莱热开始简化笔下的物体，用单纯的线条与色块来表现物体和人物。

在莱热的静物画《桌子与水果》中，最能感受到塞尚的艺术对其造成的影响。画面从四周开始向内部切割，圆形的水果既独立也像是融合在其中，冷静又带有一种时空的错乱感。莱热对运动毫不感兴趣，他追求静止冷静的画面效果，似乎是在表明工业社会下的冷漠与无感。

《巴黎的屋顶》是莱热少有的风景画题材之一。画面充斥着各种富有棱角的工业机械，浓浓升起的黑烟，萧瑟的屋顶，都暗示着机械的无人性与人内心的空虚。

莱热的作品个人风格十分明显，用规矩的块面与几何形状的切割来表现事物，描绘的是工业社会下机械的冷漠。莱热的艺术是当时那个工业时代的重要反映，我们也能从中窥见机械化对人内心的影响，即使人冷静而漠然。

第496页图
《抱着花瓶的女人》
146.3 cm × 97.5 cm
1927年
油彩、画布
美国纽约古金汉博物馆

《机械的构成》
1923 年
油彩、画布
私人收藏

《三个女人》
183.5 cm × 251.5 cm
1921 年
油彩、画布
美国纽约现代美术馆

第十三节 夏加尔

梦幻的行吟诗人

马克·夏加尔，出生于俄国，是一位俄罗斯裔法国画家。他的画风综合了印象派、抽象表现主义与立体派，形成了独具个人风格的超现实主义，在现代绘画史上占有重要一席。他的作品画面梦幻，充满了隐喻与象征，仿佛是用画笔在画纸上谱写的诗歌，令人沉醉于自我想象与思索。

夏加尔出生于俄罗斯的一个贫苦家庭，父亲是一位普通工人，务实的父亲盼望夏加尔能成为学识渊博的学者，就送夏加尔去犹太学院研习犹太经典。但后来夏加尔迷恋于绘画，不久就离开了家乡，前往圣彼得堡学习。

夏加尔的画始终与犹太人分离不开，他自己也极为喜爱犹太文化和宗教。在《屋顶上的小提琴者》中，绿色面孔的巨人睁大着双眼，正在屋顶上欢欣奏乐，背后是微小的房屋与人，仿佛是画中的精灵一般，活泼地想要扰乱音乐。整个画面怪异又令人着迷，也透露出犹太人宗教那般神秘感与神圣感。夏加尔的表现主义风格更为强烈，画面被直线切割，继而重组与拼贴，用几何形式的语言来表达夏加尔天真质朴的梦境或想象。

夏加尔曾解释过何为真实："我们的内心世界就是真实，可能还比外面的世界更加真实。把一切不合逻辑的事称为幻想、神话与怪诞，实际是承认自己不理解自然。"所以在他的画中，我们所认为的虚幻与怪诞，实则可能是世界的真实——即我们内心的真实，而夏加尔不过是将它描绘了出来，描绘了一种"幻想"的真实。

《**我和村庄**》
192.2 cm × 151.6 cm
1911 年
美国纽约现代美术馆

《生日》
80.5cm × 99.5cm
1915 年
画布油画
美国纽约现代美术馆

《屋顶上的小提琴者》
1912 年
布面油画
私人收藏

第十四节 契里柯

形而上的精神反叛者

乔治·德·契里柯，“形而上”画派的先驱者之一。契里柯受弗洛伊德心理学与尼采哲学的影响，其绘画充满各种隐喻与幻想，荒诞又奇妙，如梦境一般给观者无尽遐想。

契里柯出生于希腊，父亲是一位工程师，后来因父亲去世，全家搬去了德国慕尼黑。在慕尼黑，契里柯接受了最初的美术教育，开始了艺术人生。在慕尼黑时，契里柯开始研究起弗洛伊德的精神分析引论与尼采的哲学，沉醉于幻想、符号、直觉与潜意识的海洋。也正因为心理学与哲学的影响，契里柯后来走上了“形而上”的道路，并且成立了“形而上”画派，影响了后面众多的现代主义画派。

在《红塔》中，四周寂静无人，耸立中间的红塔显得庄严而肃穆，前景大面积的黑暗阴影又给画面增添了些许神秘与恐怖，像是梦境般的场景，于宁静中思索自我。《爱之歌》中没有联系的物品似毫无秩序地组合与摆放，变化了实际的大小。这正是契里柯呈现的自己的梦境，表现了无法解释的梦幻感与梦中那种随性和自由。《幻想家》里的主体变成了似乎有生命的玩偶，头中间的圆形符号像是梦境的暗示，玩偶也像是注视着观者，令人感到不安与慌乱。右侧黑板上是用直线绘制的建筑，代表一种理性与冷静，压抑或者按捺住左侧的不安。这是梦境中常出现的心理，无尽的纠结与自我平衡。

在契里柯的《论形而上艺术》中，他谈道：“虽然梦是一种很奇特的现象，有一种不可解释的神秘感，但是，更难以解释的是我们心智赋予某些生活中的物质与观点的神秘 ...... 艺术那致命的网，像捕捉神秘的蝴蝶一样，在生活中捕捉一般人因物质与分心而没有察觉到的时刻。”梦境可能是荒诞虚假的，但正是无尽的

《爱之歌》
1914 年
布面油画
纽约现代艺术博物馆

毫无束缚的想象，才更能体现自己内心最潜在真实的想法。契里柯也正需要艺术这一重要媒介，来表达自己精神上的反叛与对形而上的追求。

《幻想家》
1914—1915 年
布面油画
纽约现代艺术博物馆

《红塔》
1913 年
布面油画
佩吉·古根海姆收藏

第十五节 席勒

大胆的纯粹表现主义者

埃贡·席勒，维也纳分离派画家，也是表现主义代表画家之一，克林姆特的得意门生。席勒的画风具有明显的个人色彩与特征以女性人物为主题，并且女性模特的姿势大胆而具有一定色情化，大部分都没有背景呈现，使观者专注于画中人物。席勒的线条流畅生动但也具有明显的棱角，在人体的柔软性中嵌入些许坚定强硬的气息。

席勒出生于奥地利，16岁时考入维也纳美术学院。在跟随克林姆特习画时期，克林姆特的一位女模特借住在席勒家中，也是这段时间，席勒开始疯狂创作女性裸体作品。在《黑发的裸体女孩》中，女孩的眼神与姿势极富挑逗与引诱，但在这表象之下，却是一种随性无畏对待生活的人生态度。但在当时，席勒以年轻女孩为模特的作品引发了社会舆论的反对，将席勒定义为色情艺术家。

除了迷恋女性的身体，席勒也思索友谊与爱情。在《友谊》中，两位亲密挚友彼此依靠，她们不是面对面的紧紧相拥，而是一方用身体去呵护另一方的后背，用自己温暖的肉体给予其安全与宽慰。这是一种甚于爱情的友谊，一种可以保护对方、爱护对方的亲密友谊。《情人相拥》描绘的是情人互相拥抱的情形，热烈亲昵，暗示着爱情的甜蜜。但画中女人的双臂被男人紧紧束缚，因为在热烈爱恋的同时，也可能有约束自由、令人窒息的痛苦。

在众多的女性题材作品外，席勒的自画像也是其重点创作。在他的《低头的自画像》中，席勒用挑衅的眼神低头观望着画外的观者，凛冽悚人，自信到狂妄。席勒笔下的模特姿态大胆，奔放而富有激情，但他在描绘这些模特时，其实也是在描绘自己，将自己的无畏与随性倾注于画纸上的模特或自己，这在伊蒂丝和摩亚肖像中都有体现。

第511页图
《伊蒂丝肖像》
183.7cm×114.7cm
1915年
荷兰海牙现代博物馆

第512页图
《黑发的裸体女孩》
1914年
布面油画
奥地利维也纳阿尔贝蒂娜博物馆

第513页图
《摩亚》
47.8cm×31.5cm
1912年
私人收藏

EDITH
SCHIELE
1915

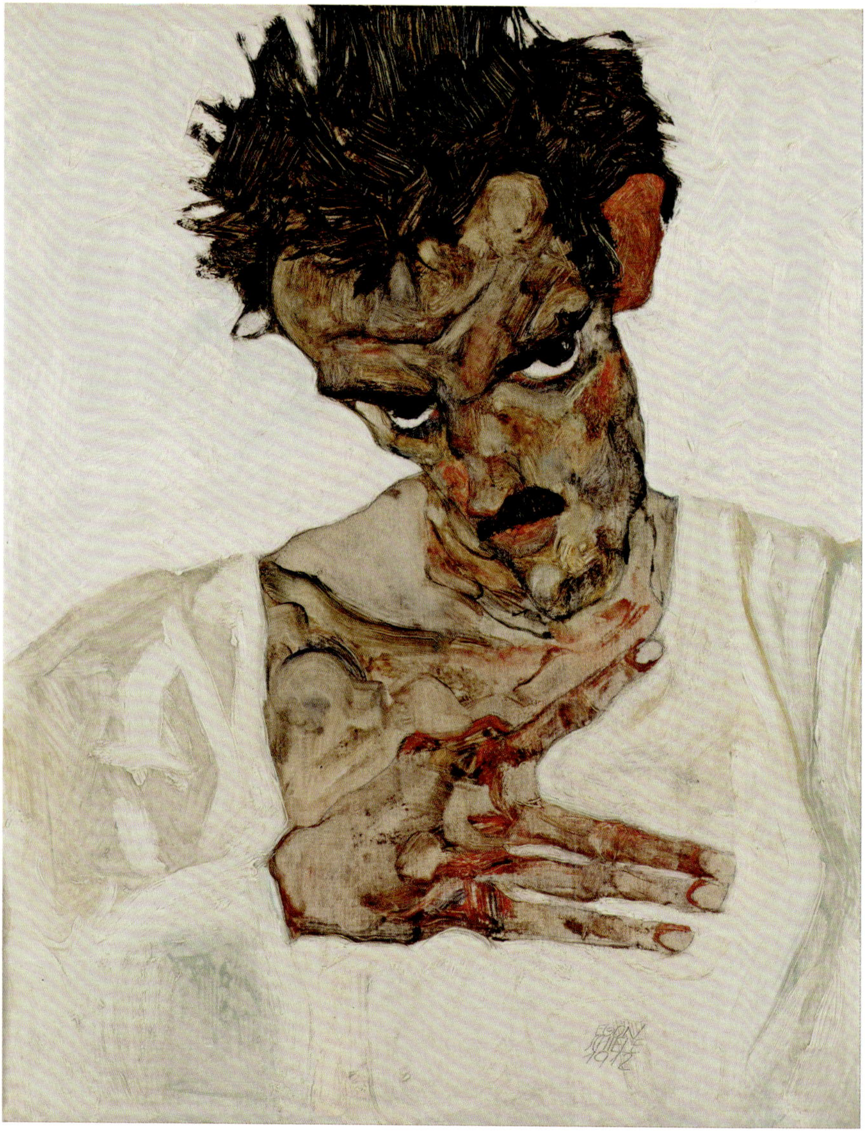

《低头的自画像》
1912 年
布面油画
奥地利维也纳阿尔贝蒂娜博物馆

第 515 页图
《情人相拥》

EGON
SCHIELE
1915

第十六节 莫兰迪

高级灰的缔造者

乔治·莫兰迪，意大利著名的版画家、油画家。毕业于当时著名的博洛尼亚美术学院，后来留校教学。谈起莫兰迪，大家可能略感陌生，但要说起高级灰，我们应该向大师莫兰迪致敬。莫兰迪色被用于众多的艺术搭配，极富高级感与典雅美，简约而不简单。而这些颜色都来自于莫兰迪笔下的静物色彩。《静物》，以及简简单单的罐子瓶子的《静物组合》，都被赋予了神圣般的色彩。

莫兰迪少年时期就表现出对艺术的敏感与天赋，后来进入了专业的美术学院，进行了系统的绘画学习。他一生没有娶妻，没有拥有过爱情，但从另一个角度讲，艺术已经成为莫兰迪一生的情人，他已不需要现实中的寄托。

莫兰迪最初是向印象派学习，特别是塞尚的静物与风景画，影响了后来莫兰迪专注于静物创作的艺术生涯。同时，莫兰迪也汲取立体主义的精髓，努力解构，重组事物。经历了一些艺术探索后的莫兰迪终于找到了自己的艺术语言与风格，成为著名的静物画家之一，同时也是高级灰的缔造者。莫兰迪的作品也给人一种形而上的感觉，让观者上升到哲学思考与探索层面，正如他自己所说："那种由看得见的世界，也就是形体的世界所唤起的感觉和图像，是很难并且根本无法定义与描述的……我相信，没有任何东西比我们所看到的世界更抽象、更不真实了。"艺术应该真实的表现眼前的事物，艺术家有责任去研究，并且努力表现。

莫兰迪一生的创作都处在静物之中，从他的工作室照片中就能感知，这么一位大师对待艺术如何的纯朴与执着，怀揣一颗赤子之心，用典雅的色彩与简约的静物形体表达自己的艺术精神。

《静物》
1956 年
布面油画
私人收藏

第 518、519 页图
《静物组合》局部
1950 年
布面油画
私人收藏

第十七节 马格利特

"漂浮"的超现实空想家

勒内·马格利特，比利时画家，绘画风格综合于未来主义、立体主义与超现实主义。后期创作了《迷失的骑士》，风格开始稳定于超现实主义。马格利特常以海和天空为题材，画面带有明显的符号语言，让物体漂浮是他画面常有的形态。

马格利特，出生于比利时的莱纳，父亲是裁缝师，母亲是版样师。12 岁时马格利特第一次接触美术教育，参加了儿童绘画班。14 岁时马格利特的母亲自杀，这对年幼的马格利特造成了巨大的创伤，后来也影响了其艺术创作。1919 年，马格利特全家搬到了布鲁塞尔，在那里，他结识了艺术界众多的先锋人物，如诗人皮埃尔·布尔热瓦等。1926 年，马格利特完成了他的第一件超现实主义作品——《迷失的骑士》，从此便更加全心投入于超现实主义绘画创作。

马格利特的艺术创作经历了众多的改变，1943—1947 年间，马格利特受到了雷诺阿等印象派的影响，创作的作品带有印象派风格，他自己称其为"充满阳光的超现实主义"。1950—1954 年间，马格利特创作了《光的帝国》，静谧的环境，雾灰暗沉的气氛，还遗存印象派朦胧光色的影响。马格利特的绘画风格细腻准确，像是现代主义里的安格尔，每一笔都毫不含糊，严谨冷静。

其代表作《这不是一个烟斗》《刺客的威胁》《伟大战争》《虚假的镜子》都体现了马格利特的独特风格，即用一种理性的眼光审视现实事物，用带有超现实主义的绘画风格来表现，颠倒观者的视觉惯性，带来震撼的精神性享受。

上图
《光的帝国》
1950—1954 年
布面油画
纽约现代艺术博物馆

下图
《这不是一个烟斗》
60 cm × 80 cm
1929 年
油彩、画布
美国加州洛杉矶郡立美术馆

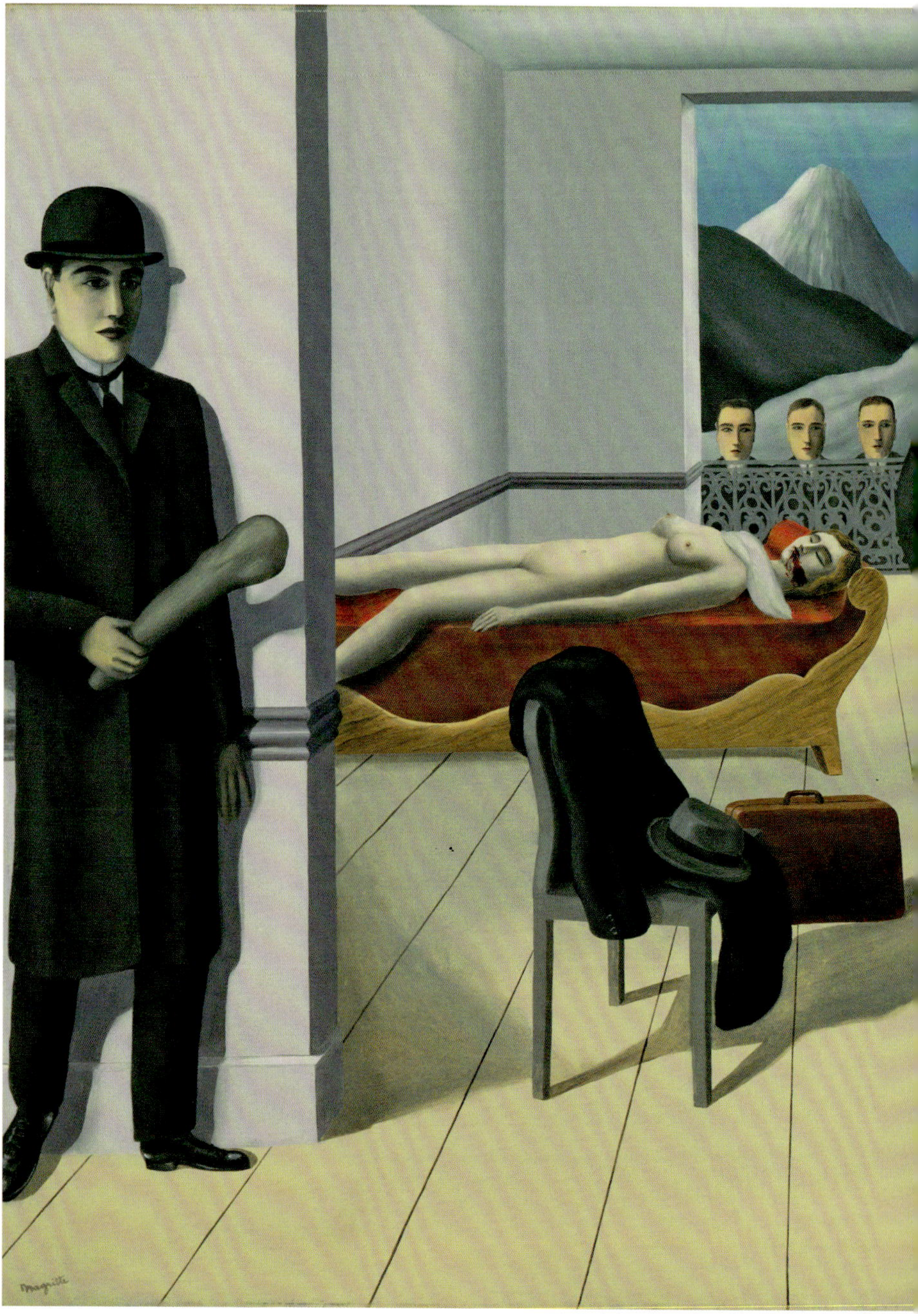
Magritte

《刺客的威胁》
150.4 cm × 195.2 cm
1926 年
油彩、画布
美国纽约现代美术馆

《**虚假的镜子**》
54 cm × 80.9 cm
1929 年
油彩、画布
美国纽约现代美术馆

《伟大的战争》
65cm × 54cm
1964 年
私人收藏

第十八节 达利

活在梦境的超现实主义大师

萨尔瓦多·达利，西班牙著名的超现实主义画家，以丰富的想象力与非凡的才能著称。他的画作总是充满了各种奇异的幻象与怪诞的景观，既有文艺复兴时期大师的扎实造型功力，又有独具个性化的新兴卓越的绘画技巧。他与毕加索、马蒂斯两位大师一起被认为是20世纪最有代表性的三位画家。

达利出生于西班牙的一个小镇上，父亲是一位公证员，家境优渥，这为达利后来在艺术道路上追求奠定了物质基础。达利18

《永恒的记忆》
1931年
布面油画
美国纽约现代艺术美术馆

《联欢会和老虎》

岁时前往马德里的美术学院求学，也是在那里达利声名鹊起。但他的天赋被世人发现还是在三年后的个人作品展上，当时展出的三件作品为他赢得了声誉与认可。次年达利又在巴黎举行了个展，也正是在这个个展上，达利结识了他后来的妻子Gala，Gala后来不仅成为达利的灵感缪斯，同时还充当了他的商业经理。

上图
《保罗·艾吕雅肖像》
1929 年
油彩、画布
私人收藏

下图
《圣安东尼的诱惑》
89 cm × 119 cm
油彩、画布
比利时布鲁塞尔皇家艺术博物馆

《海滩上的脸孔与水果盘之幽灵》
114.8 cm × 143.8 cm
1938 年
油彩、画布
美国康涅狄克州沃兹沃思学会

达利的一生充满了传奇色彩，戏剧般的人生也让他的作品风格变得独一无二。如达利的代表作——《永恒的记忆》和《联欢会和老虎》。达利不仅擅长绘画，他的写作、口才与相貌等也是极为突出的。但达利的各个方面均给人留下神秘与扑朔迷离的感受，他就像一个深渊，你望向他只会越来越迷失。达利年轻时曾在马德里与巴塞罗那学习，那时候达利学习了众多画派的风格，选择性的为自己所用。但到后来，达利接触到了弗洛伊德的著作，其中弗洛伊德谈及性爱与人的潜意识方面尤为吸引达利。再加上达利结交了众多的超现实主义画派的朋友，便完完全全走上超现实主义艺术道路。

潜意识里充满了幻想，就如梦境般荒诞无理，但尤为吸引人。弗洛伊德称之为 Libido，一种人潜意识中最本质与最真实的东西。达利创作就是为了揭示这个奇妙的潜意识世界，并通过他的画作来引起观者的共鸣抑或是满足。所以达利的一些作品，稀奇古怪又令人着迷。

爱做古怪表情的达利无论是在生活还是艺术中都像一个精力十分充沛的小男孩，拥有无边际的想象力与创造力，可能这就是达利的魅力。

《波特黎加特圣母像》
489 cm × 375 cm
1949 年
油彩、画布
日本福冈市美术馆

第十九节 弗里达

与命运对抗的倔强女画家

弗里达·卡洛，墨西哥女画家，著名的象征主义画家，同时其作品也有超现实主义的风格。弗里达自幼生活在墨西哥，受到热带风景的影响，她的画作总是充满了鲜艳、饱和度高的色彩。树、仙人掌等绿植还有沙漠是其画中常出现的景物，但作为主体的，经常是弗里达的自画像或者她与伴侣里维拉一起的肖像。

弗里达出生于墨西哥一个艺术家庭，父亲是画家，而她后来的丈夫里维拉，也是墨西哥著名的壁画大师。谈起弗里达与她的艺术作品，必须先要了解她那充满戏剧性与布满荆棘的人生。弗里达 6 岁时就感染了小儿麻痹症，右腿比左腿短使弗里达走路不能像常人般自然，所以弗里达经常出现的形象都是身穿长裙，以此来掩盖自己的缺陷。但命运没有因此而怜悯她，在她 18 这个花样年华时又给了她致命一击。严重的车祸使得弗里达的行动能力近乎完全丧失，连女人孕育新生命的天性也差点夺走。一年后弗里达虽然恢复了一些行动能力，但是内心仍承受着车祸后的痛楚，还有命运为何百般捉弄她的困惑。弗里达一生经历过三四十次手术，最后右腿还不得不截肢。除去身体上的折磨，弗里达心理上受到病魔的折磨才更加令她绝望与痛苦。所以在她的画作中，她自己的形象总是伤痕累累与血肉可见的。

命运的折磨或许使弗里达近乎崩溃，但老师里维拉的出现，又给了弗里达新的希望。里维拉是当时墨西哥最著名的壁画家之一，而初识里维拉的弗里达还只是一个对艺术懵懂的女孩。但后来弗里达被里维拉的魅力深深吸引，经常偷偷去注视里维拉绘画，慢慢地就成为里维拉的学生，最后嫁给了他。

影响弗里达画作的主要有两个因素，一是病痛，二就是里维拉给予她的爱与伤害。《戴有荆棘项链的自画像与蜂鸟》中描绘的是弗里达的自画像，具有标志性的一字眉，唇上方的微微胡须，

《宇宙，地球，我，迭戈的爱的拥抱》
1949 年
布面油画

都是弗里达的外在个性。颈上的荆棘暗示着病痛的折磨，身后的猴子与绿植喻指家乡给予她的安全感。即使生命待她残酷，弗里达也不会屈服，向命运反抗才是她的人生宗旨。《宇宙，地球，我，迭戈的爱的拥抱》描绘了弗里达与她一生中最爱的男人里维拉，里维拉像一个受到伤害的婴孩，被弗里达怀抱着，这是弗里达所能给予里维拉的爱，保护他，让他感受她的温暖与安全。

艺术史上出现的女画家少之又少，杰出的更是屈指可数。深受

折磨的弗里达的作品，不仅是象征主义绘画的主要组成部分，同时她还对超现实主义造成了深刻影响。弗里达的艺术与生活告诉了我们一个道理：我们无法乞求命运的怜悯，更无法让他对我们以温柔相待，但我们可以改变自己，让自己的内心强大到让命运折服。

《戴有荆棘项链的自画像与蜂鸟》
1940 年
布面油画
哈里・兰索姆中心

《两个弗里达》
1939 年
油彩、画布
墨西哥城现代艺术博物馆

第十一章

后现代艺术

第一节 波洛克

随性的“滴画”大师

杰克逊·波洛克，美国著名画家，抽象表现主义代表画家之一。独创了“滴画法”，即将巨幅画布铺在地上，用木棍或者画笔等工具蘸以颜料滴溅在画布上。所以波洛克的画中并不会出现具象的事物，都是各种随性的色彩形状组合而成的画面。波洛克在绘画时还会四处走动，没有固定位置，以貌似随性的意识和态度将潜意识的感觉表达出来，使画面复杂难辨，模糊却又有联系和线索，后来也有学者称之为“行动绘画”。

波洛克，出生于怀俄明州，后来移居纽约，在纽约市艺术学生联合学院跟随托马斯·哈特·本顿学习绘画。波洛克创造了举世闻名的“滴画法”，其作品是表现当时美国那种自由无束缚精神的典型作品。作画时波洛克行动自如，将色彩随意、均匀地泼洒在画面上，呈现一种偶然的创造性美感。

1947年后，波洛克进行了大量的滴画实验，不断探索颜料滴洒在画布上时形成的效果，包括自己潜意识对颜色控制的影响。波洛克的工作室空间很大，因为需要容纳巨幅布面，还要让波洛克随意走动、泼洒。

在波洛克的代表作中，画面中形状各异的色彩互相重叠、交织着，远看波洛克的画好像都是一种形态，让人很难分辨，但如果仔细观察，观者是可以发现画面中的线索的。比如在《1948年第5号》中，黑色色块上承接着明亮的柠檬黄色块，在稳重的背景环境下又有一种欢快的跳跃感。在《薰衣草之雾：第一号》中也是，黑色和白色的互相侵染，又有其他色彩的映衬，灵动而奇妙。所以在波洛克的画中，仔细观察是可以观察到细微的特点，就像波洛克每次作画时心情的差异一样。

不管是对波洛克的艺术还是人生，都产生了深刻影响的人物是李·克拉斯纳。李不仅是波洛克的情人，也是他的经纪人，在艺术和生活上都给予了波洛克重要支持与导向。所以纵观波洛克的艺术人生，跟随着内心直觉而创新，是波洛克成功的重要因素。

《1948 年第 5 号》

第 538、539 页图
《薰衣草之雾：第一号》
1950 年
布面油画
华盛顿国家博物馆

第二节 德·库宁

于秩序中混乱的新行动画派大师

威廉·德·库宁，荷兰籍美国画家，新行动画派代表人物之一，同时也是抽象表现主义的主力。他的作品看似极端，抽象难懂，但也能让观者感受到其中渴望唤醒人与周遭事物联系的愿景。德·库宁融合了超现实主义与表现主义的长处，将自己的艺术理念用激进强烈的手法描绘出来。女人是德·库宁画中最主要的题材，同时他也创作一些风景画。

德·库宁出生于荷兰的鹿特丹，12 岁时就就读于鹿特丹美术学院，开始接受系统的学院派教学。从学院毕业后，德·库宁开始游学比利时与安特卫普，在当地的博物馆里学习以往大师的绘画技法。22 岁时移民美国，开始从事商业美术，同时也不忘艺术创作。

德·库宁的艺术风格主要是在美国时形成，德·库宁在纽约结识了他后来的终身知己戈尔基，两人一起学习创作，互相鼓励进步。后来德·库宁又受波洛克与康定斯基的影响，创作风格开始越加趋于抽象与表现。特别是到了 20 世纪 20 年代，德·库宁不停转变创作手法，尝试各种媒介、材料，风格各异却又有很强的关联性。

到了 20 世纪 60 年代，德·库宁的风格已成熟稳定，女人成为他最擅长和最为著名的题材作品。这一时期创作了《女人 3 号》《女人 6 号》《女人与自行车》等，其中就综合了毕加索与波洛克等人的艺术手法，于一种基本的女人形象先进行抽象，再表现，可以说是一种于秩序中的混乱，正如德·库宁本人所说的："即使是抽象的形状也必须有类似的形体"。《女人 3 号》是德·库宁 1953 年创作的作品，基本女性形体，充斥着混乱和看似无序的笔触，女人瞪着巨大的眼睛看向画外的观者，像是在宣示一种威

《女人3号》
1953年
布面油画
私人收藏

《纽约新闻》
1955—1955 年

严，同时也像是一种邪魅的引诱。1972 年时德·库宁还创作了一件青铜装置——《坐在长凳上的女人》。该作品就像是将德·库宁画中的女性从二维变成了三维，即使是少了色彩这一表现语言，但青铜的质感又表达了另一种意境。

德·库宁到了晚年，人体作品逐渐减少，抽象风景作品增多。但纵观德·库宁的艺术人生，包容和凝练始终是其绘画的主心。

第三节 培根

直面阴郁与不安的怪诞者

弗朗西斯·培根，英国著名画家，是20世纪40年代以来英国的一位风格极其怪诞奇异的画家。在培根的作品中，经常可以看到畸形或者变态的人物或事物，这些恐怖，甚至令人毛骨悚然的形象是培根故意表现给观者看的。就像是将世间的丑陋与现实剖析给大众，深刻揭露这个世界和人类的灾难和悲剧。培根不仅绘画，他也同时会在照片、印刷品等媒介上进行再创作，来表达他内心的艺术观念和想法。

培根出生在爱尔兰都柏林，16岁时就离开家前往柏林和巴黎，后来在伦敦定居，并且开始接触绘画，油画、水彩和素描都有。但这期间的作品形态各异，风格也没有稳定形成，所以初期默默无名。后来培根本想服军役，但因身体的原因，只有全心全意将精力放在艺术创作上，渐渐自学成才，成为职业画家，有了自己的工作室。

培根很喜欢凡·高，因为他认为凡·高是真正拥有痛苦的人，凡·高将自己的激情赋予在画笔中，用鲜明绚丽的色彩，欢快的笔触表现内心的挣扎与痛苦。所以在绘画感觉上，培根和凡·高存在相似之处。培根的作品总透露出一股阴森怪诞的气息，比如在《教皇的肖像研究》中，黑压压的背景令人压抑和苦闷，画中变形混沌的形象也令人感到一丝焦虑和害怕。这就是培根创作时自己心里所想的，他将自己内心的惊骇、不安、躁动表现在作品中，用艺术这一媒介使自己得以释放和舒然。培根就像撒切尔夫人曾形容的“那一位画那些可怕的画的人”。

培根在世时已小有名气，比起忧郁苦闷的凡·高，培根也算是所谓的幸运儿了。培根死后，他的知名度才真正达到他应该享受的地位。

《教皇的肖像研究》

《斗牛场的学习》

《自画像》

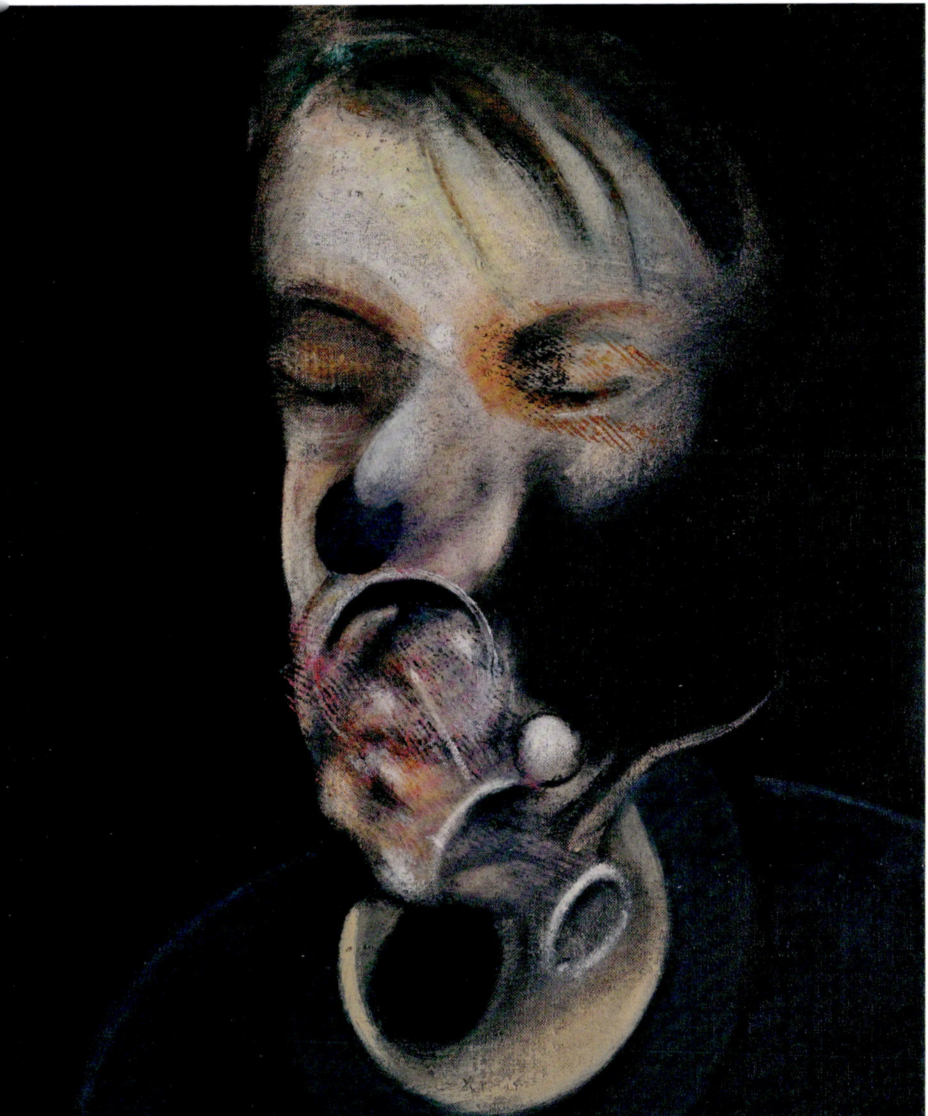

第四节 安迪·沃霍尔

可复制的作品，不可复制的人生

安迪·沃霍尔，美国艺术家，波普艺术的倡导者之一，也是波普艺术的代表画家之一，被誉为20世纪艺术界最有名的人。安迪·沃霍尔不仅是一位成功的艺术家，还是电影制作人、乐队成员、作家和出版商等，是一个活跃于纽约社交界的明星艺术家。他的画作大多是丝网印刷，也有用照片、投影等方法复制图像的。这些通过大量的复制而组合的艺术品，体现了一种艺术与商业结合的营销方法。也让安迪·沃霍尔大获成功，拥有不可复制的人生。

安迪·沃霍尔出生于美国的匹兹堡，从小生活在贫民窟。幼时患有“风湿性舞蹈症”，经历过三次精神崩溃，这也造成了沃霍尔后来自卑的心理特点，害怕向他人倾诉，认为自己是不受欢迎的。但好在沃霍尔的母亲给了他大量的母爱，鼓励他学习艺术。所以在沃霍尔21岁时，便离开匹兹堡去往纽约追寻艺术家的梦。1952年时沃霍尔成为小有名气的商业设计师，在纽约崭露头角。

沃霍尔的第一件波普作品是《绿色可口可乐瓶》，目的是将他的艺术处理为像一种大众化、人人都可以欣赏的商品。正如他自己所说的：“你在电视上看到可口可乐时，你知道总统在喝可口可乐，利兹·泰勒也在喝可口可乐，你也可以喝可口可乐，并且和他们喝的一样。”所以沃霍尔将这种大众化的商品在一定程度上转换为艺术，也是一种将艺术大众化的尝试。随后在1962年时沃霍尔又创作了32幅“坎贝尔浓汤罐”，并且举办了自己的首个波普艺术展，《坎贝尔汤罐头》是沃霍尔1968年再创作的。通过丝网印刷进行不断复制影像是沃霍尔最突出的特点，将人物或者事物转换为视觉商品，供人们消费。《玛丽莲·梦露》是沃霍尔1962年创作的，将当时火热的明星梦露作为画面主体，通过大量的复制图像将明星效应可视化，既商业又艺术。《原子弹爆炸》

也是其代表作之一。

沃霍尔的作品成为一种具有商业性质的艺术品牌，同时安迪·沃霍尔自身也成为一种独特品牌，是艺术界中艺术家营销自我的鼻祖。沃霍尔的作品是事物与人物的大量复制产物，但沃霍尔传奇的一生却无论如何也不能被复制。

《安迪·沃霍尔肖像》

第 550 页图
《绿色可口可乐瓶》
1962 年

第 551 页图
《坎贝尔汤罐头》
1968 年
丝网印刷

Coca-Cola

Campbell's
CONDENSED
STOUT HEARTED
SOUP
NET WT. 11 OZ.
HOT DOG BEAN
TENDER BEANS AND
LITTLE FRANKFURTER SLICES
SOUP

《玛丽莲·梦露》
1962 年
丝网印刷

《女人肖像》

第五节 利希滕斯坦

感知大众的波普艺术家

罗伊·利希滕斯坦，美国著名艺术家，波普艺术的代表艺术家。利希滕斯坦以漫画与广告结合的绘画风格著称，并且融合了大众文化下的意象，用标志性的圆点和色彩表达现代社会下美国人的“生活哲学”。

利希滕斯坦出生于美国纽约一个中产家庭，就读于纽约的私立高中，自高中就开始学习绘画。后来毕业于俄亥俄州立大学，并且毕业后在该大学与纽约州立大学等学院执教。利希滕斯坦最

《哭泣的女孩》
1964 年

《Masterpiece》
1962 年

初学习的是风景油画，也曾经想进入抽象表现主义，但是后来成果甚微，于是转向了大众通俗文化，开始潜心创作波普艺术作品。

波普艺术产生于 20 世纪 60 年代的西方，以广大公众创造的大众文化为主要素材。“系统的感知，就是艺术的一切”，是利希滕斯坦在艺术实践后得出的重要理论。意为艺术家在创作时应该注重自我真实的感知，在生活中寻找有艺术潜能的地方。

利希滕斯坦的作品以印刷网点的“点式”为特点，远看是微弱的色彩，但近看是一些分布平均且饱和度高的彩色小点，《哭泣的女孩》代表其典型创作风格。

在整个波普艺术运动中，艺术家似乎都在无限扩大艺术创作的可能性。大众化是基本步调，波普就是要将商业与艺术结合，让最初神坛上的艺术走下来，拥抱大众，为大众享用。所以当利希滕斯坦遇上漫画时，不但碰撞出了新的艺术火花，还形成了具有真正美国本土特色的艺术作品。

《**CRAK!**》
1963 年

第六节 罗斯科

有限的色彩，极少的形状

马克·罗斯科，美国著名抽象派画家，早期尝试过现实主义，后来出现表现主义和超现实主义时，罗斯科都有尝试，直到形成最终的他自己的完全抽象绘画风格。他的作品符号与其他的抽象派画家截然不同，辨识度极高，都是基本的底色，再配上其他横向规整的色块，冷静的构图设计，灵动的色彩搭配，将有限的色彩与极少的形状组合的极其完美。

罗斯科生于俄国的一个有浓厚宗教和文化氛围的犹太家庭，是家中最小的孩子。早期就读于耶鲁大学，但后来突然辍学，转入纽约美术大学学习绘画。学有成就后的罗斯科也在纽约的布鲁克林美术学院任过职，期间认识了他的妻子艾迪斯。

罗斯科在 1938 年时加入了美国国籍，他的工作室坐落在纽约上东区。这时罗斯科的作品风格开始大变，作品中的符号逐渐走向完全抽象，形成后来独特稳定的罗斯科式艺术风格。如《第三号或第十三号（橙色上的灰，黄）》《第六十一号（黄色，橙色，白色）》《红色中的四块深色》《无题（灰色上的黑）》等。罗斯科的作品一般是由两到三个横状的矩形组成，这些矩形的颜色有的各自分明，对比强烈，有的却又模糊不定，分辨不清。但无论色彩是如何的变化与跳动，理性的构图又能给予足够的稳定，保持着画面的平衡，将艺术视觉效果达到最大化。

罗斯科创造了一种有情绪的抽象艺术形式，他的作品是对色彩与形状的专注。但罗斯科却不认为自己是抽象画家，他认为他更关注精神的表达，正如他自己所说的：“我对色彩与形式的关系以及其他形式并没有兴趣……我唯一感兴趣的是表达人的情绪，狂喜的、毁灭的，抑或是悲剧的等。所以也有人评论他：“运用大量纯净的色彩表达无形的思想”。

《**第六十一号（黄色，橙色，白色）**》
1953 年
布面油画
洛杉矶当代美术馆

第 559 页图
《**第三号或第十三号（橙色上的灰，黄）**》
1949 年
布面油画
纽约现代艺术博物馆

《红色中的四块深色》
1958 年
布面油画
美国惠特尼美术馆

《无题（灰色上的黑）》
1970 年
布面油画

第七节 马瑟韦尔

西班牙哀歌的聆听者

罗伯特·马瑟韦尔，美国著名画家，抽象表现主义画家代表人之一。马瑟韦尔不仅创作抽象表现主义绘画，同时也著有现代艺术的论著，可谓是艺术全才。与另一位抽象表现主义大师罗斯科的作品比较，马瑟韦尔的作品符号简洁，但是也依然抽象难懂，充满了哲学思考。

马瑟韦尔出生于华盛顿的阿伯丁，毕业于美国斯坦福大学，后来又前往哈佛大学学习哲学。所以马瑟韦尔的作品充斥着抽象神秘的哲学意味，也总是能引发观者深思。后来马瑟韦尔在纽约自学艺术，并且结识了众多的欧洲画家，尤其是超现实主义画家。所以马瑟韦尔的作品也有超现实主义所崇尚的直觉、幻想与非理性意象。

马瑟韦尔艺术作品的独特品质，首先是他有意识地吸收了东方书法的理念和表现形式，其次是他把自动主义视为一种创作手法，

《下午五点》

《向西班牙共和国致敬》
1965 年

利用无意识的线条和笔触去表现画面，表现主观的思想和自身的感受。表达艺术情感是他的抽象艺术创作的“终极”意义，而这种意义乃由色块和笔触累积而成的。每一个笔触都是马瑟韦尔的一个决定，一种思想，不仅仅是关乎这一笔是否是美的，而且是关乎艺术家内心的感受，不需要考虑这笔画得过于沉重了还是轻飘了，过于粗糙了还是平滑了。马瑟韦尔对时代进程的敏感和对生命的惋惜，通过自己的意识进行过滤，并经提炼获得了某种暗示的意念符号，这些符号充满了明显的道德印记。我们应从生命的哲学高度出发去感受他的作品，感受其艺术创作本身带给人心灵的震撼。

马瑟韦尔的作品大都是由大面积的色块组成，图案简洁，其中《向西班牙共和国致敬》、《下午五点》是马瑟韦尔最著名的代表作。

图书在版编目（CIP）数据

艺术殿堂：最具影响力的100位画家：文艺复兴–后现代/陈兴怡，夏侯伊主编．—北京:北京工艺美术出版社，2020.1
ISBN 978–7–5140–1729–8

Ⅰ.①艺… Ⅱ.①陈… ②夏… Ⅲ.①画家–生平事迹–世界 Ⅳ.①K815.72

中国版本图书馆CIP数据核字（2019）第088560号

出 版 人：陈高潮
策　　划：薛业凤
责任编辑：张怀林　赵　微
装帧设计：吴　迪
责任印制：宋朝晖

法律顾问：北京恒理律师事务所　丁玲　罗楠

艺术殿堂
最具影响力的100位画家（文艺复兴–后现代）

陈兴怡　夏侯伊　主编

出　版	北京工艺美术出版社
发　行	北京美联京工图书有限公司
地　址	北京市朝阳区焦化路甲18号 中国北京出版创意产业基地先导区
邮　编	100124
电　话	（010）84255105（总编室） （010）64283630（编辑室） （010）64280045（发　行）
传　真	（010）64280045/84255105
网　址	www.gmcbs.cn
经　销	全国新华书店
印　刷	广东省博罗县园洲勤达印务有限公司
开　本	597毫米×820毫米　1/32
印　张	18
版　次	2020年1月第1版
印　次	2020年1月第1次印刷
印　数	1～3000
书　号	ISBN 978–7–5140–1729–8
定　价	258.00元